図解 即 戦力

豊富な図解と丁寧な解説で、知識0でもわかりやすい！

保険業界の
しくみとビジネスが
しっかりわかる教科書

これ1冊で

GVフィナンシャル研究会 著

平野敦之 監修

技術評論社

ご注意：ご購入・ご利用の前に必ずお読みください

■ 免責

本書に記載された内容は、情報の提供のみを目的としています。したがって、本書を用いた運用は、必ずお客様自身の責任と判断によって行ってください。これらの情報の運用の結果について、技術評論社および著者または監修者は、いかなる責任も負いません。

また、本書に記載された情報は、特に断りのない限り、2020年4月1日現在での情報を元にしています。情報は予告なく変更される場合があります。

以上の注意事項をご承諾いただいた上で、本書をご利用願います。これらの注意事項をお読み頂かずにお問い合わせ頂いても、技術評論社および著者または監修者は対処しかねます。あらかじめご承知おきください。

■ 商標、登録商標について

本書中に記載されている会社名、団体名、製品名、サービス名などは、それぞれの会社・団体の商標、登録商標、商品名です。なお、本文中に™マーク、®マークは明記しておりません。

はじめに

　私たちの日々の生活の万が一に備えるための生命保険や損害保険は1990年代後半の保険の自由化から大きく様変わりしました。さらに平均寿命の延びや医療技術の進歩、長引く低金利、社会保障不安、災害の多発など生損保ともに業界を取り巻く状況も変化してきています。こうしたことなどを背景に保険に求められる役割やニーズも多岐にわたるようになっているのです。

　保険業界の競争の激化によって、新しい保険商品やよりよい保険が次々に登場していています。また異業種からの保険業界への参入、スマホやネット、保険ショップといった保険の流通ルートも以前よりも多様になり、保険加入の選択肢がこれまでにないほど増えています。近年では保険と最新のテクノロジーを融合した新たな取り組みも始まっており、保険業界にも新たな波が押し寄せています。

　その一方で、保険商品はこれまで以上に商品が乱立し、わかりにくくもなりました。ネットなどを通じて保険の情報も多数あるものの、情報の内容も玉石混交です。一般の人にとって保険はいろいろと選べるように見えて、実は選びにくい状況でもあるのです。

　本書では保険業界（生損保）に興味をお持ちの方、保険業界で働くことを考えている方、保険ビジネスについて学びたい方などを対象に保険業界のしくみやビジネスについて多くの図表を使ってわかりやすく解説しています。

　本書が保険業界や保険ビジネスの理解のために少しでもお役に立てば幸いです。

2020年4月

平野　敦之

CONTENTS

はじめに ……………………………………………………………………… 3

Chapter 1
保険業界を取り巻く環境

01 公的年金だけでは足りない、老後の生活に備える
人生100年時代に求められる保険 …………………………………… 14

02 堅調な成長が続く生保と損保
契約高と保険料収入の推移からみる保険市場の現状 …………… 16

03 損保業界は3メガ体制、生保業界は群雄割拠
再編を繰り返す激動の保険業界 …………………………………… 18

04 団塊世代と団塊ジュニア世代が高齢者になる
2025年問題と2035年問題 ………………………………………… 20

05 生命保険も損害保険も値上げの傾向
保険料の値上げラッシュ問題 ……………………………………… 22

06 1つの窓口で複数の保険会社の保険が比較できる
保険乗合代理店の急成長 …………………………………………… 24

07 世の中の変化に合わせた保険を提供
ネット炎上保険や自転車保険など損害保険の新しいニーズ …… 26

08 地域に密着した対応で根強い人気
かんぽ生命・共済の動向 …………………………………………… 28

09 生命保険会社、損害保険会社ともに海外市場へ
海外進出に活路を見出す保険会社 ………………………………… 30

COLUMN 1
ネット専業生命保険会社の躍進 ……………………………………… 32

004

Chapter 2
保険の基礎知識

01 日本で近代的な保険がスタートしたのは明治時代
保険の始まり ………………………………………………………… 34

02 契約者が均等に保険料を負担する
保険のしくみは相互扶助が基本 ………………………………… 36

03 保険の加入を契約者が決められるもの、決められないもの
公的保険と民間保険の違い ……………………………………… 38

04 生命保険は「人」、損害保険は「モノ」が対象
生命保険と損害保険の違い ……………………………………… 40

05 保険の対象によって3つに分類される
保険の種類と特徴 ………………………………………………… 42

06 保険料は平均余命や死亡率から算出
「保険数理」で決まる保険料 …………………………………… 44

07 市場競争の原理が激化
金融ビックバンの基本思想 ……………………………………… 46

08 3メガ損保が全体の9割弱の売上を占める
日米保険協議とメガ損保グループの誕生 …………………… 48

09 独自の保険商品開発が可能に
算定会制度の見直し ……………………………………………… 50

10 保険会社が破たんしても、契約者は守られる
保険会社の破たんと保険契約者保護機構の創設 ………… 52

11 規制緩和によって新規参入が増加
財務体質の改善と外資系保険会社の参入 …………………… 54

12 病気のリスクに備える保険が人気
第三分野保険市場の拡大 ………………………………………… 56

13 2008年に制定、2010年から実施
契約者保護を定めた「保険法」………………………………… 58

14 保険料や商品の自由化を推進
保険会社を監督するルール「保険業法」 …………………………………… 60

COLUMN 2
時代とともに変わりゆく保険 …………………………………………………… 62

Chapter 3
生命保険の基礎知識

01 死亡時や老後の生活に備える
生命保険とは ……………………………………………………………………… 64

02 保険料を決める3つの利率
保険料は「予定基礎率」から算定 …………………………………………… 66

03 物価の変動により、受け取る保険金の価値が変わる
生命保険と物価上昇の関係 ……………………………………………………… 68

04 掛け捨て保険のメリットとデメリット
掛け捨て保険と積み立て保険の違い ………………………………………… 70

05 長生きしても生活に困らないための保険が必要に
死亡保障から生存保障へと変化する生命保険商品 ……………………… 72

06 契約の対象や保険料が変わる
個人保険と団体保険の違い ……………………………………………………… 74

07 契約時に約款を確認
保険金が支払われるケースと支払われないケース ……………………… 76

08 正しく告知しないと契約は取り消される
保険金が支払われない告知義務違反 ………………………………………… 78

09 生命保険を正しく理解するために知っておくべき用語
押さえておきたい生命保険の専門用語 ……………………………………… 80

10 2020年以降の動きを予測
生命保険業界再編の動き ………………………………………………………… 82

COLUMN 3
増加するがん罹患率とがん保険 ……………………………………………… 84

Chapter 4
生命保険会社のビジネスのしくみ

01 生命保険会社は何から利益を得ているのか
生命保険会社の利益の構造 ……………………………………………… 86

02 保険金の支払われ方によって分類
生命保険契約の基本 ……………………………………………………… 88

03 通常配当と特別配当の違い
剰余金が還元される配当金のしくみ …………………………………… 90

04 保険金を確実に支払うために用意
責任準備金と解約返戻金 ………………………………………………… 92

05 保険会社の経営状態を圧迫する逆ザヤ
逆ザヤの構造とその解消 ………………………………………………… 94

06 為替の変動によるリスクに注意が必要
外貨建て保険のしくみ …………………………………………………… 96

07 解約返戻金は少ないが、少額の保険料で保障は充実
保険の種類① 掛け捨てが基本「定期保険」 ………………………… 98

08 生死に関わらず、保険金の受け取りが可能
保険の種類② 貯蓄性が高い「養老保険」 ………………………… 100

09 保障は一生涯続く
保険の種類③ 遺族保障に優れた「終身保険」 …………………… 102

10 払い込んだ保険料を年金として受け取れる
保険の種類④ 公的年金を補完する「個人年金保険」 …………… 104

11 時代のニーズに合わせて次々と新商品を開発
保険の種類⑤ まだまだある「その他の生命保険」 ……………… 106

12 入院や通院の際の出費を補う
保険の種類⑥ 病気に備える「医療保険」 ………………………… 108

13 がんの保障に特化
保険の種類⑦ 入院や手術でも安心「がん保険」 ………………… 110

14 要介護状態になったときに支給
保険の種類⑧ 長寿社会の切り札「介護保険」 …………………… 112

COLUMN 4
生命保険業界における保険金不払い ……………………………………… 114

007

Chapter 5
生命保険業界の仕事と組織

01 保険は将来の安心を支える
　　人の人生に関わる商品を提案する仕事 ………………………………… 116

02 各支社の下に多くの支部が存在しているのが特徴
　　日本の生命保険会社は本社−支社−支部の三層構造 ……………… 118

03 男女ともに人気のある職種
　　残業や転勤も多いが好待遇の生保業界 ……………………………… 120

04 ワーク・ライフ・バランスの実現に向けた取り組みがさかん
　　生命保険業界の基本データ …………………………………………… 122

05 保険業務だけでなく、資産運用にも積極的
　　生保ビジネスは保険業務と金融業務が両輪 ………………………… 124

06 さまざまな業務を経験しながらスキルを深める
　　生保業界でのキャリアパス …………………………………………… 126

07 女性管理職の登用を推進
　　女性社員の戦力化のための環境づくり ……………………………… 128

08 ますます重要視される営業活動
　　代理店営業と法人営業 ………………………………………………… 130

09 個人営業、法人営業、代理店営業の3つに分かれる
　　会社の屋台骨を支える「営業部門」 ………………………………… 132

10 生保レディの誕生のきっかけと問題点
　　生保営業の代名詞「保険外交員（生保レディ）」 ………………… 134

11 安全性、収益性などを見据えて堅実に運用
　　運用して収益を上げる「資産運用部門」 …………………………… 136

12 顧客のニーズをいち早く察知して対応
　　魅力ある保険で他社と差別化「商品開発部門」 …………………… 138

13 保険の申込書類の作成から、顧客の診査まで
　　営業を裏で支える「後方支援部門」 ………………………………… 140

14 保険料や責任準備金の算出を行う
　　数理業務のプロ「アクチュアリー」 ………………………………… 142

15 会社の業務全般に対する知識が必要
　　ネット時代の大黒柱「システム開発部門」 ………………………… 144

COLUMN 5
インターネット生保の業務 ……………………………………………… 146

Chapter 6
損害保険の基礎知識

01 損害保険の対象と基本的な考え方
損害保険とは ……………………………………………………… 148

02 損害保険の補償対象
損保は「物的」「人的」「賠償責任」の3分類 ………………… 150

03 損害保険の保険料の計算方法
保険料は「リスクの度合い」と「発生率」から算定 ……………… 152

04 事故を起こしたときの支払額の決め方
過失割合や免責の算定の判断 …………………………………… 154

05 満期時に返戻金や配当金が支払われる
損害保険にも積立型がある ……………………………………… 156

06 損害保険での保険金支払いの手順
事故発生から保険金支払いまでの流れ ………………………… 158

07 巨額な保険金を支払うリスクに備える、保険会社のための保険
大損害のリスクを分散する再保険 ……………………………… 160

08 損害保険を正しく理解するために知っておくべき用語
押さえておきたい損害保険の専門用語 ………………………… 162

09 市場の9割弱を占める3メガ損保体制と今後の展望
損保業界再編の動き ……………………………………………… 164

COLUMN 6
保険会社に求められる人材 …………………………………………… 166

Chapter 7
損害保険会社のビジネスのしくみ

01 保険料収入と保険金支払いのバランス
損害保険会社の利益の構造 ……………………………………… 168

02 保険料を各社が自由に算出することが可能に
規制緩和と料率自由化 …………………………………………… 170

009

03 保険料の払い込みを完了したのちに効力が発揮
損害保険契約の基本 ……………………………………… 172

04 保険契約を結ぶ相手には3タイプある
直扱い・代理店扱い・ブローカー扱い …………………… 174

05 保険料率が許可制から届出制に
損害保険料自由化のしくみ ………………………………… 176

06 3メガ損保の発足と弊害
損保市場の9割弱を3メガ損保が独占 …………………… 178

07 備えたい災害と支払える保険料の検討が必要
保険の種類①　補償範囲を確認したい「火災保険」………… 180

08 補償内容を自分で組み立てることができる
保険の種類②　自賠責を超える部分を補償「自動車保険」……… 182

09 火災保険では対象外の地震での損害を補償
保険の種類③　火災保険とセットで加入「地震保険」…………… 184

10 個人または企業に向けたさまざまな保険が登場
保険の種類④　多種多様なリスクに備える「その他の保険」…… 186

COLUMN 7
若者のクルマ離れと自動車保険 ……………………………… 188

Chapter **8**
損害保険業界の仕事と組織

01 損害保険会社の業務とは
万が一の備えを顧客に提案する仕事 ……………………… 190

02 損保会社の現場を支える2つの業務
損保会社は営業業務と査定業務が両輪 …………………… 192

03 総合職では30代半ばで年収1,000万円を超える
高水準の賃金や手厚い福利厚生が魅力の損保業界 ………… 194

04 データからみる勤務の実態
損害保険業界の基本データ ………………………………… 196

05 研修や資格取得支援が充実
損害保険業界でのキャリアパス …………………………… 198

06 女性のキャリアアップを支援
女性の登用に積極的な損保業界 …………………………… 200

010

07 接する相手によって部門が分かれる営業職
地域・顧客・種類・募集形態で分類「営業部門」……………… 202

08 契約者と直接やり取りをする会社の顔
多様な業務に対応する「コールセンター」…………………… 204

09 求められるのは時代の先を読む力
ニーズに合わせた保険商品の開発「商品開発部門」………… 206

10 損害保険会社も資産運用で収益を上げる
重要性が高まる「資産運用部門」……………………………… 208

11 損保会社で扱うすべての事故に関わる重要な部門
損害の程度を査定する「損害調査部門」……………………… 210

12 事故現場の調査から示談交渉まで幅広い業務をこなす
自動車保険調査の専門家「アジャスター」…………………… 212

13 事故や災害で生じた損傷を鑑定
火災新種保険調査の専門家「損害保険登録鑑定人」………… 214

COLUMN 8
損害保険業界における保険金不払い ………………………………… 216

Chapter 9

保険会社の実力をはかる指針

01 会社の決算などの資料公開が義務付けられている
関心が高まる保険会社の「ディスクロージャー」………………… 218

02 経営の健全性をはかる指標を開示
経営の健全性維持と契約者の保護 …………………………………… 220

03 保険会社の支払い余力がわかる
経営の健全性を示す「ソルベンシー・マージン比率」…………… 222

04 保険会社の運用利回りと利益を知る
「予定利率」と「基礎利益」で各社の実力をチェック …………… 224

05 保険会社の現状の財力を示す
マイナスは業務停止命令「実質純資産額」………………………… 226

06 契約高だけでは判断できない業績を表す
生命保険会社の勢いを示す「ANP」………………………………… 228

07 80～90%なら経営状態は正常
損保会社の収益力を示す「コンバインド・レシオ」…………… 230

08 第三者が保険会社の経営状態を評価
財務力や支払能力の指標「格付評価」 ………………………… 232

COLUMN 9
トップセールスマンはMDRTを目指す ………………………… 234

Chapter 10
インシュアテックと保険業界の未来

01 保険業法の規制がネック
現行保険業法とインシュアテック ………………………… 236

02 ビッグデータやブロックチェーン技術の取り入れ
テクノロジーの活用 ………………………… 238

03 先進技術の開発により事故リスクが軽減
先進安全自動車で変わる自動車保険 ………………………… 240

04 リスクの高い人は保険料も高額になり、支払いが難しくなることも
保険難民の出現の可能性 ………………………… 242

05 巨大IT企業が保険分野へ進出
スタートアップ企業・異業種の参入 ………………………… 244

06 ライフスタイルの変化に合わせて販売方法なども多様化
ネット、スマホ、LINEなどの販路拡大 ………………………… 246

07 これまでの保険では扱っていなかったものが続々登場
ミニ保険市場の拡大 ………………………… 248

索引 ………………………… 250

第**1**章

保険業界を
取り巻く環境

日本の保険業界は世界でもトップレベルの加入率を
誇っており、これまでは堅調に成長を続けてきました。
しかし、少子高齢化やライフスタイルの多様化といっ
た社会情勢の変化により、業界を取り巻く環境も大き
く変わってきています。第1章では、今どんな問題が
起きているのか、そして、どのような対応が取られて
いるのかをみていきます。

Chapter1 01

公的年金だけでは足りない、老後の生活に備える

人生100年時代に求められる保険

平均寿命は年々上昇を続け、40歳男性の平均余命は昭和50年と比較すると7.79歳も長くなりました。人生100年時代といわれている昨今、従来の死亡リスクだけではなく、生きるリスクに備えた保険も求められています。

死亡保障から老後の備えへ

従来は、一家の大黒柱が死亡した際に備える死亡保障が中心でしたが、近年では、医療や介護などに備えるニーズが高まるなど、求められる保険も大きく変化しました。

世帯主が入院した場合に備える方法を調査した結果をみると、最も多く挙げられたのは入院時に給付金が支払われる生命保険で、次いで多いのが預貯金などです。損保の損害保険、所得補償保険は、一時は加入者数を増やしたものの2006年から2018年では、4.2%減少しています。

長生きリスクを保障する保険

人生100年時代といわれるようになってから、注目されているのが老後資金2,000万円不足問題です。これは公的年金だけでは老後の生活はまかなえず、さらに平均2,000万円の資金が必要だというもので、近く老後を迎える中高齢者に大きな衝撃を与えました。

公的年金だけでは、老後の資金が足りないことから、私的年金と呼ばれる年金が注目を集めています。代表的なものが確定給付企業年金制度や確定拠出年金制度、国民年金基金制度です。これらは条件を満たしていれば公的年金に上乗せする形で加入でき、給与などから保険料が徴収されることから積み立てやすい制度となっています。

私的年金は、公的年金の受け取り開始前に受け取ることができるので、年金受取期間をうめることができます。

また、生命保険会社各社が取り扱っている個人年金保険なども、老後の備えの選択肢の1つとなり得ます。

所得補償保険
病気やケガなどで働けなくなった場合の所得を補償する保険。掛け捨てであることから保険料が安価で人気を集めた。

老後資金2,000万円不足問題
金融審議会、市場ワーキング・グループによる「高齢社会における資産形成・管理」にその内容が示されたことで注目されるようになった。

▶ 現在準備しているもののうち、世帯主が入院した場合に期待できる準備手段(複数回答)

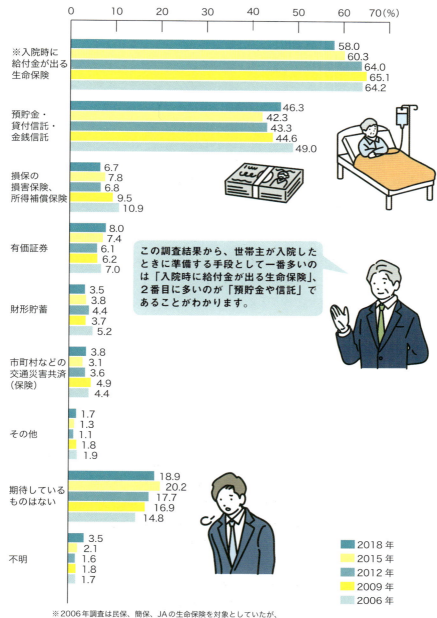

※入院時に給付金が出る生命保険
- 2018年: 58.0
- 2015年: 60.3
- 2012年: 64.0
- 2009年: 65.1
- 2006年: 64.2

預貯金・貸付信託・金銭信託
- 2018年: 46.3
- 2015年: 42.3
- 2012年: 43.3
- 2009年: 44.6
- 2006年: 49.0

損保の損害保険、所得補償保険
- 2018年: 6.7
- 2015年: 7.8
- 2012年: 6.8
- 2009年: 9.5
- 2006年: 10.9

有価証券
- 2018年: 8.0
- 2015年: 7.4
- 2012年: 6.1
- 2009年: 6.2
- 2006年: 7.0

財形貯蓄
- 2018年: 3.5
- 2015年: 3.8
- 2012年: 4.4
- 2009年: 3.7
- 2006年: 5.2

市町村などの交通災害共済(保険)
- 2018年: 3.8
- 2015年: 3.1
- 2012年: 3.6
- 2009年: 4.9
- 2006年: 4.4

その他
- 2018年: 1.7
- 2015年: 1.3
- 2012年: 1.1
- 2009年: 1.8
- 2006年: 1.9

期待しているものはない
- 2018年: 18.9
- 2015年: 20.2
- 2012年: 17.7
- 2009年: 16.9
- 2006年: 14.8

不明
- 2018年: 3.5
- 2015年: 2.1
- 2012年: 1.6
- 2009年: 1.8
- 2006年: 1.7

この調査結果から、世帯主が入院したときに準備する手段として一番多いのは「入院時に給付金が出る生命保険」、2番目に多いのが「預貯金や信託」であることがわかります。

※2006年調査は民保、簡保、JAの生命保険を対象としていたが、2009年調査からはかんぽ生命と県民共済・生協なども対象に加えている。
出典:公益財団法人生命保険文化センター「平成30年度生命保険に関する全国実態調査」

第1章 保険業界を取り巻く環境

015

Chapter1
02

堅調な成長が続く生保と損保

契約高と保険料収入の推移からみる保険市場の現状

日本の生命保険市場は世界でもトップレベルの加入率や契約件数を誇っています。損害保険市場においても、世界4位の水準を誇っています。ここでは国内保険市場の現状や契約件数の推移などを解説します。

生命保険市場は10年連続で堅調な増加

日本の生命保険市場は高齢化社会の進行やライフスタイルの多様化によって、大きな成長は見込まれないものの、個人の保険の保有契約件数は増加を続けています。2018年度の保有契約件数は1億8,129万件と、前年度比で104.8％の増加となり、5年連続で契約件数を伸ばしました。年換算保険料ベースでは10年連続で増加を続けています。

ただし、近年は、死亡保障を抑えて医療保障を充実させる傾向などもあることから、保有契約高は2017年と比較すると横ばいでした。

また、経常利益だけでなく、基礎利益も3年連続で増加しており、生命保険業界全体は堅調に成長を続けている状態です。

損害保険市場は徐々に拡大傾向

損害保険市場の成長は、堅調であるものの正味収入保険料は着実に増加を続けています。2018年度の損害保険協会加盟の損害保険会社全体の正味収入保険料は8兆3,928億円でした。保険種目別で最も大きなシェアを占めるのが自動車保険で、次いで自賠責保険、火災保険となっています。

また、第三分野の保険の解禁や医療保障のニーズの高まりから、新種保険が占める割合が伸びています。2000年には全体の8.4％にすぎなかった新種保険が、2016年には全体の14％にまでシェアを伸ばしました。

さらに、近年は大型の地震が相次いで起きていることから、その備えのために、地震保険の加入率も右肩上がりで上昇を続けています。損害保険市場は、少しずつ拡大しています。

保有契約高
契約者に対して保険会社が保障する死亡保険金や年金原資の額などを合計したもの。

基礎利益
保険料収入や保険金事業費支払いなどの収支と、利息や配当金等の収入の収支を合わせた基礎的な損益。

正味収入保険料
保険契約者との契約によって得られる保険収入に再保険の収支を加味して、収入積立保険料を引いたもの。

第三分野の保険
生命保険会社、損害保険会社のどちらもが販売できる保険。代表的なものにがん保険や介護保険がある。

新種保険
海上保険、火災保険など古くからある保険種目を除いた損害保険の総称。

▶ 個人の保険の新規契約と保有契約の推移

(万件、%、億円)

	新規契約 件数	前年度比	金額（契約高）	前年度比	保有契約 件数	前年度比	金額（契約高）	前年度比
2014年度	1,939	102.1	674,314	100.9	15,173	105.5	8,574,325	100.0
2015年度	1,988	102.5	693,336	102.8	16,011	105.5	8,586,041	100.1
2016年度	1,930	97.1	684,789	98.8	16,772	104.8	8,629,052	100.5
2017年度	1,727	89.5	573,534	83.8	17,302	103.2	8,529,627	98.8
2018年度	2,253	130.4	667,346	116.4	18,129	104.8	8,486,900	99.5

出典：一般社団法人生命保険協会「2019年版生命保険の動向」

保有契約件数は5年連続で増加している

▶ 生命保険協会加盟生命保険会社の年換算保険料の推移

出典：一般社団法人生命保険協会「2019年版生命保険の動向」

▶ 日本損害保険協会加入の損害保険会社の正味収入保険料の推移

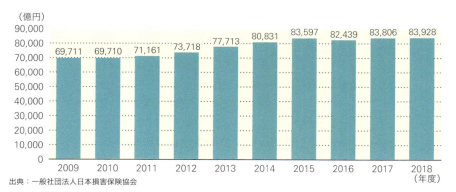

出典：一般社団法人日本損害保険協会

損保業界は３メガ体制、生保業界は群雄割拠

Chapter1 03

再編を繰り返す激動の保険業界

日本の生命保険業界、損害保険業界は再編を繰り返してきました。特に損害保険会社はたび重なる合併により、３メガ損保体制となっています。生命保険業界では、中堅生命保険会社の相次ぐ倒産による統廃合が進みました。

損害保険業界は盤石の３メガ損保体制

損害保険業界では2000年前半と2010年初頭の大規模合併、業務提携などにより３メガ損保体制が誕生しました。2020年現在は、東京海上ホールディングス、SOMPOホールディングス、MS＆ADホールディングスの３つのグループが業界全体の９割弱のシェアを誇っており、それぞれのグループ内に複数の損害保険会社や生命保険会社を有しています。

また、ソニー損保やソニー生命を有するソニーフィナンシャルホールディングス、アクサ損保やアクサ生命を有するアクサ・ホールディングス・ジャパンなどは、知名度を伸ばしているものの３メガ損保には及ばず、通販型損害保険会社のシェアは全体の７〜8％程度を推移しています。

生命保険業界は、群雄割拠の時代

生命保険業界は、明治初頭から日本の生命保険業界をけん引してきた国内生保系、損害保険会社の子会社として誕生した損保系、外国資本が入っている外資系、異業種から参入したカタカナ系、ネットからの加入が可能なネット系、共済発展系などに分類されています。

それぞれ、募集形態や販売経路、主力商品が異なり顧客の棲み分けが進んでいます。

また、各社新商品や新たな保障の開発にも力を入れています。近年では就業不能保険や認知症保険を始め、毎年健康診断書を提出することで保険料が割引になったり、キャッシュバックされたりする健康増進型の保険などが次々に保険マーケットに投入されています。

通販型損害保険会社
インターネットや電話などの契約を主とする損害保険会社。代理店による募集が行われないため事業費用が低く、リーズナブルな保険料が特徴。

共済発展系
共済が母体となり運営している保険会社のこと。

就業不能保険
病気やケガによって長時間働けなくなった際に収入が保障される保険。

▶ 損害保険業界の主なグループ勢力図

3メガ損保体制

東京海上 ホールディングス	SOMPO ホールディングス	MS&AD ホールディングス
・東京海上日動火災保険 ・日新火災海上保険	・損保ジャパン ・セゾン自動車火災保険	・三井住友海上火災保険 ・あいおいニッセイ 　　　　　同和損害保険

ソニーフィナンシャル ホールディングス	アクサ・ホールディ ングス・ジャパン
・ソニー損保 ・ソニー生命	・アクサ損保 ・アクサ生命

3メガ損保で
業界全体の
9割弱のシェア

▶ 生命保険業界の主な分類図

国内生保系	損保系	外資系
・日本生命 ・第一生命 ・明治安田生命 ・住友生命	・三井住友海上あいおい 　　　　生命保険 ・SOMPO ひまわり生命 ・東京海上日動 　　　　あんしん生命	・メットライフ生命 ・アクサ生命 ・アフラック生命 ・プルデンシャル生命

カタカナ系	ネット系	共済発展系
・オリックス生命 ・ソニー生命	・ライフネット生命 ・アクサダイレクト生命	・みどり生命

生命保険業界は募集形態や販売経路が異なり、棲み分けが進んでいる

Chapter1
04

団塊の世代と団塊ジュニア世代が高齢者になる

2025年問題と2035年問題

保険業界では2025年問題と2035年問題が大きな脅威になると予測されています。2025年には団塊世代がすべて後期高齢者となり、2035年には団塊ジュニア世代が高齢者になるからです。

団塊世代のすべてが後期高齢者となる2025年問題

2025年問題とは、第一次ベビーブームにあたる団塊世代がすべて後期高齢者となることに伴って発生する諸問題のことです。2025年の後期高齢者人口は2,200万人以上と予想され、国民の約5分の1が後期高齢者となります。

2025年問題では、社会保障費の増大や介護の問題などがよく取り沙汰されますが、保険業界にも非常に大きな影響を与えると考えられています。なぜなら、総人口に占める割合が高い団塊世代が後期高齢者になると、新規保険契約が減少することによる市場の縮小や一層の競争激化などが考えられます。今後は厳しい経営を強いられる可能性があるのです。

後期高齢者
75歳以上の高齢者のことをいう。75歳を超えると複数の疾病を発症し自立した生活が難しくなるケースもある。

団塊ジュニア世代が高齢者となる2035年問題

2035年問題とは、団塊世代の子どもにあたる団塊ジュニア世代が、60歳以上になることで起こる諸問題のことです。団塊ジュニア世代は、総人口に占める割合が団塊世代に次いで多く、彼らのなかに定年退職者が出るようになると、2025年問題と同様に、新規契約の減少や、保険金請求の増加が懸念されています。さらに、2035年には団塊世代が平均寿命にあたる85歳に達します。また、その5年後の2040年には、団塊ジュニア世代が高齢者となり、1.5人の現役世代で1人の高齢者世代を支えなければならないという事態になります。

今後、生命保険業界も損害保険業界がたどったような大型再編が行われる可能性もあります。そのため生保業界は、損保業界を巻き込んだ生損保再編に舵を切るともいわれており、業界の動向から目が離せません。

高齢者
世界保健機構（WHO）では65歳以上を高齢者と定義している。

▶ 2025年と2035年の人口ピラミッド

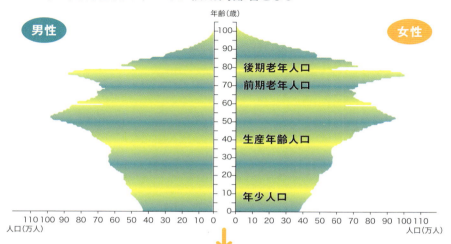

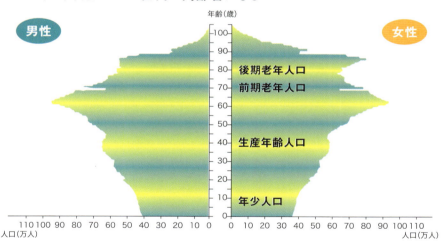

出典：国立社会保障・人口問題研究所

この5年後の2040年には、現役世代1.5人が高齢者1人を支えなければならないと予想されています。

Chapter1
05

生命保険も損害保険も値上げの傾向

保険料の値上げラッシュ問題

生命保険業界では2017年に貯蓄型保険の保険料の値上げが相次いで行われました。損害保険業界では、2020年中に火災保険料の値上げを実施することになっています。これらの値上げの理由について解説します。

標準利率の引き下げによる保険料の値上げ

標準利率
生命保険会社が契約者から預かった保険料を運用する際の目安としている利率。標準利率は金融庁が算定している。

生命保険会社は、標準利率を基準として保険料の運用利率に当たる予定利率を定めています。一般的に予定利率が引き下げられると保険料は高くなり、予定利率が引き上げられると保険料は安くなるというしくみになっています。

予定利率
保険会社が保険料を運用するときに約束する利率のこと。契約時に定めている。予定利率が高ければ保険料は割安になる。

2017年4月、標準利率が0.25%に引き下げられたことで、予定利率も引き下げられ、それによって保険料は大幅にアップしました。特に大きな影響を受けたのが、貯蓄型保険の保険料です。保険料の値上げだけにとどまらず、魅力的な運用利率を確保できなくなったため一部商品の販売停止に踏み切りました。

そのうえ、2020年には標準利率が一層引き下げられ0%になる見込みです。

火災保険は2年連続で保険料が値上がり

損害保険料率算出機構
自動車保険や火災保険、地震保険などの保険料率の算出や、自賠責保険の保険金請求に関する調査などを行う団体。

損害保険会社各社が提供する火災保険は、自然災害や火事などのリスクに備える保険です。保険料は、損害保険料率算出機構が定める参考純率に従って保険会社が算定します。

2019年10月、損害保険料率算出機構は火災保険の参考純率を引き上げる方針であると発表しました。前年度も参考純率が5.5%引き上げられたことに伴って、2019年10月に国内損保各社は火災保険の保険料を引き上げているため、2年連続で火災保険の値上げが実施されることになります。

参考純率
料率算出団体が算出する純保険料率のこと。保険会社から収集した契約や支払に関するデータなどを活用して算出する。

自動車保険の保険料も5年ぶりに値上がり

損害保険会社各社は、2020年1月に平均して約3%の自動車保険の値上げを実施しました。値上げの要因としては、消費税増

▶ 参考純率算出の流れ

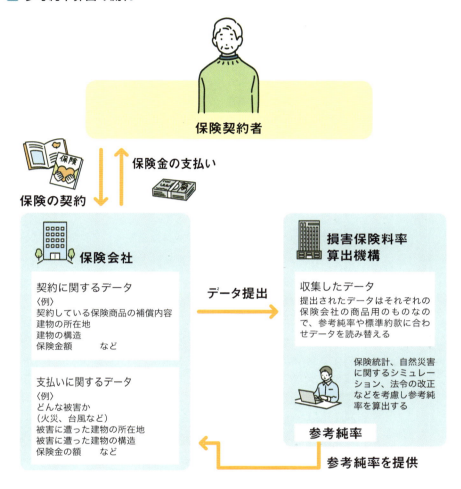

税、自動車部品の高額化、民法改正の3点が挙げられます。

近年はドライバー支援機能を備えた**先進安全自動車**が増加し、自動ブレーキシステムなどの高額な部品が増えています。また部品のアッセンブリー化が進み、故障個所だけ交換できないことも高額化の一因となっています。部品の高額化によって支払保険金も増加し、保険料の値上げにつながっています。

また、民法の改正によって法定利率が高くなったことから、賠償金額の増加も見込まれています。

先進安全自動車
ASV（Advanced Safety Vehicle）とも呼ばれる。先進技術を利用して安全を支援するシステムを搭載した自動車のこと。

1つの窓口で複数の保険会社の保険が比較できる

保険乗合代理店の急成長

従来は、国内生命保険は生保レディと呼ばれる外交員が販売し、外資系生保は業務委託のセールスマンが販売するのが一般的でした。しかし、保険業法の改正により「保険乗合代理店」が急増し、成長を続けています。

保険ショップの登場

保険乗合代理店とは、複数の保険会社の商品を取り扱うことができる代理店のことです。1996年の保険業法の改正により、保険乗合代理店が登場しました。

保険乗合代理店のなかでも最も勢力を伸ばしているのが、来店型の保険ショップです。ショッピングモールや商店街、駅ビルなどに出店してライフプランニングや保険のコンサルティングを行い、最適な保険商品を提案するという営業スタイルです。子ども向けのキッズスペースを設置したり、無料でライフプランニングを提案したりして、見込み客に来店してもらうというしくみの構築は、従来の生命保険の営業スタイルを一変させました。来店型保険ショップの年換算保険料は、2013年度から2018年度（見込）の5年間で約1.6倍に成長し、その浸透ぶりがうかがいしれます。

保険乗合代理店のメリットと問題点

保険乗合代理店は、ユーザーにとっては「複数の保険会社から最適な商品を選べる」という大きなメリットがあります。従来は、複数の保険会社の商品を比較検討し、よりよいものを選択することは容易ではありませんでした。しかし、保険乗合代理店では1つの窓口で多くの保険会社の商品を比べることができるため、最適な保険に出会える可能性は高まります。

けれども、公平な観点から保険商品を提案している代理店ばかりではないことが発覚しました。手数料目当てに高額な保険を積極的に販売する代理店が複数存在したのです。そこで金融庁は、2016年に保険業法を改正して、顧客ニーズに合わせた保険を提案することや情報提供の義務化などを明文化しました。

保険ショップ
来店型保険ショップとも呼ばれる。大手来店型保険ショップとしては、ほけんの窓口、保険クリニック、みつばちほけん、保険見直し本舗、イオンの保険相談、ほけん百花などが存在する。

▶ 専属代理店と保険乗合代理店の違い

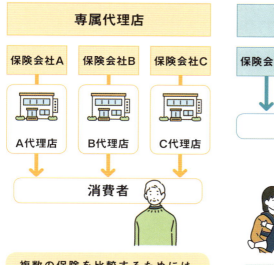
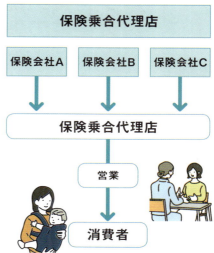

▶ 来店型保険ショップの新契約年換算保険料推移

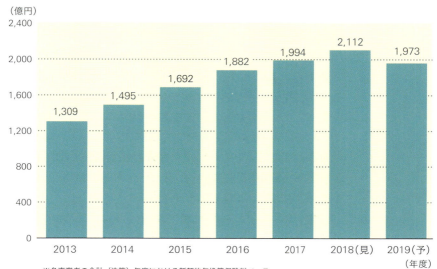

※各事業者の会計（決算）年度における新契約年換算保険料ベース
※（見）は見込値、（予）予測値（2019年9月現在）

出典：株式会社矢野経済研究所「来店型保険ショップ市場に関する調査（2019年）」

Chapter1
07

世の中の変化に合わせた保険を提供

ネット炎上保険や自転車保険など
損害保険の新しいニーズ

損害保険会社各社は世の中のニーズの変化を敏感に察知して、さまざまな保険商品を開発、販売しています。若者の車離れによって自動車保険市場の縮小が叫ばれるなか、新しいニーズの保険に注目が集まっています。

一億総SNS時代に対応するネット炎上保険

SNS
Social Network
Serviceの略。友人や同じ趣味を持った人たちとつながり、インターネット上で交流することができるサービスのこと。

　スマートフォンの普及により、多くの人がSNSサービスを利用して情報発信を行っています。個人による情報発信が容易となった反面、不適切な動画や写真、ネガティブな発言などが拡散されやすくなり、瞬く間に「炎上状態」になってしまうこともあります。例えば、アルバイト社員による、悪ふざけの動画の投稿が拡散されて大炎上状態となり、企業の株価に影響を及ぼす例も発生しています。このようなネットの炎上に対応するための保険が、損保ジャパンから販売されました。ネット炎上保険には、炎上対応費用やメディア対応費用などが補償されるだけでなく、炎上対応支援やマスコミ対応支援などのサービスも付帯しています。

高額賠償に備える自転車保険

高額賠償
自転車同士、自転車と歩行者との事故による被害で、数千万円の賠償金を支払わなくてはならないケースがある。

　自転車保険とは自転車に乗っている際の交通事故による賠償金や自身のケガの治療費などを支払う保険です。警察庁の統計によると、交通事故件数はこの10年では減少傾向にあります（※）。ただし、自転車が加害者となる交通事故では高額賠償事例も出ており、自転車の保険加入が求められています。

　東京都をはじめとしたいくつかの都道府県では2020年4月から、自転車保険加入を義務化することを決めており、自転車保険のニーズはより一層高まると考えられます。

　なお、昨今の自転車保険と呼ばれるものは、交通事故傷害保険などをベースにしている商品が中心です。バイクや自動車、電車などのほかの乗り物でのケガなど幅広く補償対象になっているものがあります。

※交通事故件数は、2009年の737,637件に対し、2019年は381,002件と減少している（警察庁「令和元年中の交通事故の発生状況」より）。

▶ 自転車加害事故の高額賠償事例

ケース1

　男子小学生（11歳）が夜間、帰宅途中に自転車で走行中、歩道と車道の区別のない道路において歩行中の女性（62歳）と正面衝突した。女性は頭蓋骨骨折等の傷害を負い、意識が戻らない状態となった。（神戸地方裁判所、2013年7月4日判決）

▶ 判決認容額 **9,521万円**

ケース2

　男子高校生が昼間、自転車横断帯のかなり手前の歩道から車道を斜めに横断し、対向車線を自転車で直進してきた男性会社員（24歳）と衝突した。男性会社員に重大な障害（言語機能の喪失等）が残った。（東京地方裁判所、2008年6月5日判決）

▶ 判決認容額 **9,266万円**

ケース3

　男性が夕方、ペットボトルを片手に下り坂をスピードを落とさず走行し交差点に進入、横断歩道を横断中の女性（38歳）と衝突した。女性は脳挫傷等で3日後に死亡した。（東京地方裁判所、2003年9月30日判決）

▶ 判決認容額 **6,779万円**

ケース4

　男性が昼間、信号表示を無視して高速度で交差点に進入、青信号で横断歩道を横断中の女性（55歳）と衝突した。女性は頭蓋内損傷等で11日後に死亡した。（東京地方裁判所、2007年4月11日判決）

▶ 判決認容額 **5,438万円**

ケース5

　男性が昼間、赤信号を無視して交差点を直進し、青信号で横断歩道を歩行中の女性（75歳）に衝突した。女性は脳挫傷等で5日後に死亡した。（東京地方裁判所、2014年1月28日判決）

▶ 判決認容額 **4,746万円**

※判決認容額とは、裁判における判決文で加害者が支払いを命じられた金額（金額は概算額）。裁判後の上訴等により、加害者が実際に支払う金額とは異なる可能性がある。

出典：一般社団法人日本損害保険協会

> 近年は自転車事故でも数千万円の賠償金を支払わなくてはならないケースが増えています。

第1章　保険業界を取り巻く環境

Chapter1 08

地域に密着した対応で根強い人気

かんぽ生命・共済の動向

かんぽ生命や共済は、地域密着型の営業スタイルで根強い人気を誇っています。その一方で、2019年には、かんぽ生命による不適切な勧誘が社会問題化しました。かんぽ生命の今後や、共済の動向を解説します。

郵政グループ3社長が辞任したかんぽ不適切販売問題

2019年12月25日、かんぽ生命保険は、不適切な販売方法を行っていた問題で、郵政グループ（日本郵政、日本郵便、かんぽ生命）3社長が辞任することを発表しました。外部の調査委員会の調査によると、かんぽ生命では1万2,800件あまりの不適切な保険販売を行っていたことが発覚しました。

かんぽ生命では、認知症が疑われる顧客に過剰な生命保険契約をさせたり、乗り換えによる保険料上昇についての説明をしなかったりなど、不適切な手法で保険を販売していたことがわかりました。その背景には、かんぽ生命に長らく蔓延するパワハラ体質などがあるといわれています。かんぽ生命への立ち入り検査を行った金融庁は、業務停止命令を出しました。

割戻金の多さとリーズナブルな保険料が魅力の共済

共済は、組合員の相互扶助の精神を制度化したもので、非営利事業です。そのため、リーズナブルな保険料で十分な保障を受けられることから根強い人気を集めています。

また、集めた掛け金が余った場合は、組合員に割戻金という形で還元されますので、保険料の割安感は、営利保険会社よりも非常に強くなっています。

共済には、火災共済や生命共済、傷害共済や自動車共済、年金共済などの種類がありますので、ほとんどのリスクに対応可能です。ただし、カスタマイズが可能な商品が少なく、一定以上の手厚い保障をつけることができない、あるいは、高齢者の保障内容が十分ではないなどの問題もありますので、通常の保険と併用するケースが多い傾向にあります。

掛け金
共済では保険料に相当する共済に支払うお金のことを「共済掛け金」という。受け取る保険金に相当するのが「共済金」。

▶ かんぽ生命の不適切契約問題

> **不適切な保険販売が1万2,800件あまり発覚**

かんぽ生命の不適切契約問題とは

- ■乗り換えにより支払保険料が上昇することを説明しなかった
- ■認知症が疑われる顧客に過剰な契約をさせた
- ■旧契約後の病気などで新たな契約が結べない
- ■病気が見つかり契約解除。保険金が支払われない
- ■特約の切り替えで対応が可能なのに、不利な契約変更をした
- ■保険料を二重徴収した

▶ 主な共済団体の共済種類一覧

共済実施組合		火災	生命	傷害	自動車	年金	その他
農業協同組合	ＪＡ共済連	★	★	★	★	★	★
漁業協同組合	ＪＦ共水連	★	★			★	
生活協同組合	こくみん共済 coop＜全労済＞	★	★	★	★	★	★
	コープ共済連	★※1	★				
	大学生協共済連		★				
	全国生協連（都道府県民共済グループ）	★	★	★			
	生協全共連	★	★※2	★※2			
	防衛省生協	★	★				
	神奈川県民共済		★	★			★
事業協同組合	日火連	★	★	★	★		★
	交協連				★		★
	全自共				★		
	中済連		★				
	開業医共済						★
農業共済組合	ＮＯＳＡＩ協会	★					★

※★印は実施しているものを示す。
※1：こくみん共済 coop（全労済）の共済事業規約にもとづく共済。
※2：一部の会員組合で実施。
出典：一般社団法人日本共済協会

Chapter1
09

生命保険会社、損害保険会社ともに海外市場へ

海外進出に活路を見出す保険会社

国内の保険市場は少子高齢化による人口減少や自動車保有台数の低下などから、保険料収入の増加は難しいと予測されています。そこで各社は人口増加や経済成長が見込める国をメインに、海外進出に取り組んでいます。

生命保険会社の海外事業展開

海外生命保険会社の買収

例えば、第一生命ホールディングスではアメリカや東南アジアなどの保険会社の買収に積極的で、グループ全体に占める海外事業の利益の割合は2割まで増加している。

日本国内では、今後、国内市場が縮小することが見込まれます。そこで第一生命などの4大生保各社は海外生命保険会社の買収を積極的に行っています。

グローバルに事業を展開しているヨーロッパの生命保険会社では収入の5割から8割を海外事業から得ており、日本の生命保険会社でもその傾向を強めていくと予測されます。

第一生命ホールディングスでは、アジア市場を成長市場と位置づけてベトナムやインド、タイ、オーストラリア、インドネシアに事業を展開しています。

2013年から2017年の各国の生保市場規模の成長率をみると、日本はマイナス圏にあるにも関わらず、ベトナムは250%、インドネシアは150%を超えているなど、今後も大幅な市場の拡大が見込めます。

国内以上の成長率がある市場に投資する損保各社

海外損害保険会社の買収

SOMPOホールディングスの海外事業を担うSOMPOインターナショナルは、2018年現在12カ国で事業を展開している。将来的にはこのセグメントでグループ全体の4割の利益貢献を目指している。

すでにマイナス成長になっている日本国内の生命保険に対し、2017年時点で損害保険は国内で約20%の成長率があります。しかしアジア各国の成長率はそれ以上に顕著であるため、大手損保各社は海外損害保険会社の買収などの投資を積極的に行っています。2018年に3メガ損保グループはいずれも「2020年以降は最終利益のうち海外比率を4割に引き上げる」という声明を発表しました。

3メガ損保グループの1つSOMPOホールディングスでは、2018年度の海外事業の収入保険料が約5,276億円と公表しており、8年間で8.2倍近い成長を遂げています。

030

▶ 成長率の高い海外市場へ積極的に進出

生保市場の成長率

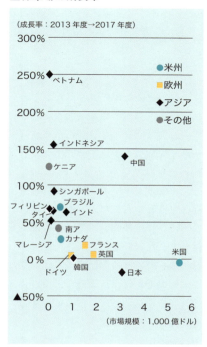

出典：Swiss Re,Sigma よりみずほ銀行産業調査部作成

損保市場の成長率

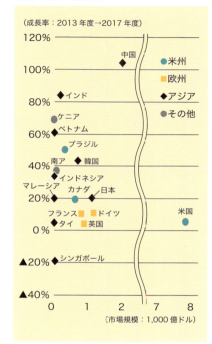

出典：Swiss Re,Sigma よりみずほ銀行産業調査部作成

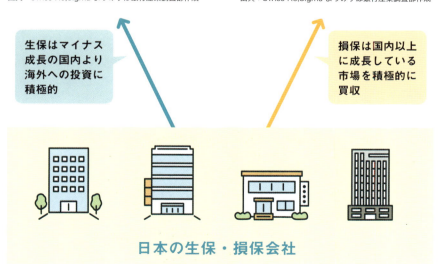

生保はマイナス成長の国内より海外への投資に積極的

損保は国内以上に成長している市場を積極的に買収

日本の生保・損保会社

COLUMN 1

ネット専業生命保険会社の躍進

存在感を増すネット系生保

インターネットを主な販売チャネルとした生命保険会社が誕生したのは2008年でした。2019年現在、インターネットチャネルを活用する生命保険会社は9社、ネット専業生命保険会社は4社存在します。

日本で最初に設立されたネット専業生命保険会社はアクサダイレクト生命でした。その翌月にライフネット生命が設立され、楽天生命、SBI生命と続きます。ネット専業生命保険会社の新契約年換算保険料は年々上昇しています。

ネット系生保のメリット・デメリット

ネット専業生命保険会社のメリットは、「手続きの容易さ」と「保険料の手頃さ」です。対面販売と異なり、手続きはインターネット上で完結することから、時間を選ばずに保険に加入でき、働き方が多様化している現在のニーズにマッチしているといえます。

また、営業社員の人件費がかからないこと、営業所の家賃などの固定費も必要ないことなどから事業費率が低く保険料も手頃です。

これらは大きなメリットであり、それによってネット専業生命保険会社は普及しましたが、問題点もあります。それは契約変更や、保険金や給付金支払いなどの手続きを自分で行わなければならない点です。対面型販売の場合は、定期的に営業社員や外交員が訪問し、近況を確認するなどのサービスが提供されているため、契約変更や保険金や給付金の請求手続きにもれが生じにくくなっています。

しかし、ネット専業生命保険では、自分自身が保険金や給付金が支払われる条件を把握したうえで、手続きを行わなければなりません。手厚いサービスを期待している、手続きに不安があるという人にとっては、最適な販売形態とはいえません。ネット専業生命保険に加入する際は、保障内容を自分自身で把握しておくこと、手続き方法を理解しておくことなどの対策が求められます。

第2章

保険の基礎知識

保険の基本の考え方である「相互扶助の発想」は、その起源が古代オリエント時代までさかのぼるといわれています。その後、日本にも取り入れられ、それぞれの時代に合わせて対象や内容が変化してきました。第2章では保険の種類や特徴を中心に、「保険法」などの法律についても説明します。

Chapter2
01

日本で近代的な保険がスタートしたのは明治時代

保険の始まり

そもそも保険はいつ頃生まれたのでしょうか。そしてどのように世界に広がっていったのでしょうか。保険の誕生から近代的な保険への広がり、日本での保険の始まりを確認していきましょう。

保険の起源

古代オリエント
古代エジプトや古代メソポタミア、古代ペルシアなどを含む古代文明。

保険の歴史をたどっていくと、その始まりは**古代オリエント**時代にまでさかのぼるといわれています。古代オリエントでは交易がさかんで陸路や海路で人やものが往来していました。それらの交易には盗賊や海賊に襲われるリスクがあり、その損失に備えるために資金の借り入れが行われていたとされています。これが保険の起源です。その後、地中海の貿易に携わる商人たちによって展開されたのが、冒険貸借というしくみです。これは、商人たちが船の積荷を担保に金融業者からお金を借りて、無事に旅が完了したら利息をつけて返済するというものでした。無事に完了しなければ返済が免除されるため、**海上保険**の原型ともいえます。

海上保険
船舶自体や積荷にかけられる保険のことで、海上での危険による損害を補償するためのもの。

また、ヨーロッパの職業別の組合であるギルドでは、組合員が少額のお金を積み立てて組合員が病気になったり、死亡した場合に見舞金を拠出するというしくみを構築していました。

近代保険の芽吹き

17世紀のイギリスのセントポール寺院では牧師たちが組合を作り、仲間が死亡した場合に、家族に生活資金を支払う制度を作ります。しかし、年齢に関わらず支払う保険料と受け取る保険金が一律だったため、高齢者のほうが保険金を受け取れる不公平なシステムになっていました。それに気づいた組合員は少しずつ抜けてしまい、10年ほどで解散してしまいました。

それと同時期に、ロンドンでアミカブルソサエティという組合が誕生します。従来の組合よりも公平性があるという触れ込みだったので、多数の組合員が集まりましたが、やはり不公平な点が明らかになり組合員から不満が噴出しました。そこで、加入でき

034

▶ 主な年齢の平均余命の推移

(単位：年)

	年　　次		男						女					
	西暦	和暦	0歳	20	40	65	75	90	0歳	20	40	65	75	90
第1回	1891-1898	明治24-31	42.8	39.8	25.7	10.2	6.2	2.6	44.3	40.8	27.8	11.4	6.7	2.7
4	1921-1925	大正10-14	42.06	39.1	25.13	9.31	5.31	1.95	43.2	40.38	28.09	11.7	6.21	2.04
6	1935-1936	10年度	46.92	40.41	26.22	9.89	5.72	2.14	49.63	43.22	29.65	11.88	6.62	2.09
8	1947	昭和22	50.06	40.89	26.88	10.16	6.09	2.56	53.96	44.87	30.39	12.22	7.03	2.45
10	1955	30	63.6	48.47	30.85	11.82	6.97	2.87	67.75	52.25	34.34	14.13	8.28	3.12
12	1965	40	67.74	50.18	31.73	11.88	6.63	2.56	72.92	54.85	35.91	14.56	8.11	2.96
14	1975	50	71.73	53.27	34.41	13.72	7.85	3.05	76.89	58.04	38.76	16.56	9.47	3.39
16	1985	60	74.78	55.74	36.63	15.52	8.93	3.28	80.48	61.2	41.72	18.94	11.19	3.82
18	1995	平成7	76.38	57.16	37.96	16.48	9.81	3.58	82.85	63.46	43.91	20.94	12.88	4.64
20	2005	17	78.56	59.08	39.86	18.13	11.07	4.15	85.52	65.93	46.38	23.19	14.83	5.53
22	2015	27	80.75	61.13	41.77	19.41	12.03	4.27	86.99	67.31	47.67	24.24	15.64	5.56

出典：厚生労働省「主な年齢の平均余命の年次推移（完全生命表）」より抜粋

厚生労働省が発表している完全生命表には、年代別の平均余命が示されている

る年齢に上限を設けました。この年齢制限によって加入できなかったのがジェームズ・ドドソンです。彼は高齢者にも若者にも、公平な保険のしくみがあるはずだと考え日夜研究した結果、ハレーすい星で有名なエドモント・ハレーが発表した生命表にたどり着きます。このデータをもとに、ドドソンは年齢に応じた現実的かつ公平に危険を分担できる保険料を算出しました。これが、近代保険の誕生の瞬間といえます。ドドソンの考えに基づいて誕生したのが、エクイタブルソサエティという保険会社です。何とこの会社はその後200年以上もイギリスで営業を続けました。

日本の近代保険は明治時代に始まった

日本でも古来より頼母子講や無尽といった相互扶助の精神をもつ制度は存在しましたが、近代的な保険がスタートしたのは明治時代です。福澤諭吉が「西洋旅案内」で、西洋の近代保険の知識を紹介しています。そして、1881年に福澤諭吉の門下生が日本初の保険会社である「明治生命」を創設しました。

その後、日本生命や帝国生命（現在の朝日生命）などが設立され、日本にも近代生命保険が普及していきます。多くの保険会社が誕生したことにより法的な整備が行われ、1900年に保険業法が制定されました。

出典：アフラック生命保険株式会社、公益社団法人生命保険文化センターの公開資料をもとに作成

頼母子講・無尽

鎌倉時代発祥の、小グループでお金を積み立てて融通し合うしくみ。定期的にお金を出し合い、抽選などで一人が所定の金額を受け取ることができる。

Chapter2 02

契約者が均等に保険料を負担する

保険のしくみは相互扶助が基本

保険のもとをたどれば、相互扶助の精神に行き着きます。近代保険以前は、組合などがその運営を行っていましたが、現在は保険会社がその役割を担っています。保険のしくみを支える2つの原則について確認しましょう。

収支相等の原則と公平の原則

生命保険も損害保険も、徴収した保険料と給付した保険金やかかった経費の総額が等しくなる「**収支相等の原則**」に基づいて設計されています。

保険は、大勢の保険**契約者**が負担した保険料を原資として、誰かが死亡したとき、病気やケガをしたときなどに保険金を支払うものです。保険では、すべての契約者が均等に保険料を負担しています。この均等とは、リスクに応じて公平な保険料を負担しているという意味です。契約者の年齢や疾病リスクなどを考慮せずに同額の保険料を設定すると、「高齢者が必ず得をする保険」になってしまいます。しかし、年齢や過去の病歴、現在の健康状態などさまざまなリスクを考慮したうえで算定された保険料であれば、全員が公平に保険料を負担することになるのです。これを、「**公平の原則**」といいます。

「収支相等の原則」と「公平の原則」という2つの原則が、保険の相互扶助のしくみを実現しているのです。

金融業務で保険料を安全に運用して万が一に備える

保険会社はリスクに応じて保険料を徴収しており、契約者からの保険金請求には十分に応えられるようなしくみになっています。また、万が一に備えて、保険料を運用し資金を増やしています。生命保険会社、損害保険会社ともに資産運用専門の部署が存在しており、国内有数の**機関投資家**として、多額の資金を運用しています。保険会社による資産運用は、株式市場などに活気をもたらす一因となっており、資産運用自体が社会貢献にもつながっているのです。

収支相等の原則
徴収した保険料と給付した保険金やかかった経費の総額が一致するように保険料を算定すること。

契約者
保険会社と保険契約を締結している人のこと。

公平の原則
公平の原則は、生命保険では給付反対給付均等の原則ともいう。

機関投資家
生命保険会社や損害保険会社、銀行や信用金庫、年金基金など、大量の資金で株式や債券の運用を行う大口投資家のこと。多くの機関投資家は、短期間での売買は行わない。

▶ 保険の相互扶助のしくみ

保険契約者

保険料はリスクを考慮したうえで算定される

公平の原則
全員が公平になるように保険料を負担する

保険会社

社会性や公共性を考慮し、安全性・有利性を求めた資産運用を行う

収支相等の原則
徴収した保険料と給付した保険金の総額を等しくする

保険金・給付金
支払い条件に該当した人に保険金・給付金を支払う

保険金・給付金の受取人

保険会社の資産運用は株式市場に活気をもたらし、社会貢献にもつながっています。

Chapter2
03

保険の加入を契約者が決められるもの、決められないもの

公的保険と民間保険の違い

公的保険と民間保険は、どちらも万が一の場合に備えて、暮らしの不安や将来の不安を軽減するためのものです。ここでは、それぞれの保険の特徴と違いを把握しておきましょう。

国や自治体が運営する公的保険

公的保険

公的保険には、国民健康保険、厚生年金、国民年金、介護保険、労災保険、雇用保険、船員保険、国家公務員等共済組合、地方公務員等共済組合などがある。

　公的保険とは国や地方自治体が運営している国民健康保険や国民年金、介護保険などのことです。これらの保険は、全員の加入が義務付けられています。保険料は、一律に設定されているものと、収入などに応じて決められているものがあります。国民健康保険や介護保険は収入などによって保険料が軽減されます。国民年金は収入を問わず基本的に保険料は一律ですが、収入によっては保険料の支払いが免除、軽減される場合があります。

　また、雇用保険も公的保険の1つです。従業員を雇用している企業は加入を義務付けられており、会社と従業員のそれぞれが保険料を負担しています。そして、倒産やリストラなどで職を失った場合は、雇用保険から失業給付金を受け取ることができます。育児休業給付金や介護休業給付金も、雇用保険から支払われます。

　このように、公的保険は、<mark>加入が強制されていること、公的機関が運用していること、保険料の軽減措置があること</mark>などが大きな特徴です。

民間の保険会社などが販売している民間保険

　公的保険でもさまざまなリスクに備えることができますが、それだけでは備えが万全とはいえません。公的保険の足りない部分を補うのが民間保険です。民間保険は、相互扶助の精神に基づき、収支相等の原則、公平の原則に則って運営されています。<mark>保険料は、民間の保険会社が自由に決めることができ、加入するかどうかは契約者の意思に委ねられて</mark>います。民間の保険には、生命保険と損害保険の2種類があり、それぞれが異なる保険商品を販売しています。

公的保険の種類

		会社員	公務員・教職員など	自営業やその妻など
医療保険		健康保険	各種共済（短期給付）	国民健康保険
労働保険	労災	労働者災害補償保険	各種共済（短期給付）	—
	失業	雇用保険	—	—
介護保険		介護保険	介護保険	介護保険
年金保険		厚生年金保険	厚生年金保険	国民年金

- 保険料は会社と社員がそれぞれ負担
- 基本的に保険料は一律
- 収入によって保険料が軽減

公的保険と民間保険の違い

	公的保険（社会保険）	民間保険
保険者	国、市区町村など	生命保険会社、損害保険会社など
加入義務	強制	任意
保険料の支払い	公費、事業主、個人など	契約者
保険制度の支出の財源	国、市区町村などが保険料の一部を負担	保険料収入及び運用利益

複数の保険を組み合わせた第三分野の保険

また、第三分野と呼ばれる生命保険と損害保険の中間に位置する保険も販売されるようになりました。生命保険、損害保険、第三分野の保険のなかから必要な保険を組み合わせて、ライフスタイルや人生設計に応じて必要な保険を契約することが求められています。

Chapter2
04

生命保険は「人」、損害保険は「モノ」が対象

生命保険と損害保険の違い

日本の保険の種類は生命保険と損害保険の2種類に大別され、それぞれ対象や被保険者などが異なります。ここでは、両者の違いについて、細かくみていきましょう。

「人」が対象の生命保険と「モノ」が対象の損害保険

保障と補償
保険の備えのことを、生命保険では、保障と呼び、損害保険では補償と呼ぶ。第三分野の保険においては、同様の保険内容であっても、取扱い会社によって保障と呼ばれることも補償と呼ばれることもある。

生命保険とは、「人」を保障の対象とした保険です。死亡した場合に備える保険や将来の年金に備える保険など、すべての保険が人の生命に関わるものです。

それに対して損害保険の多くは、「モノ」や「行為」を補償します。自動車保険であれば、補償の対象は自動車です。自動車の運転に起因して事故が発生した場合の賠償責任も、自動車保険の補償の一部です。火災保険の主な補償対象は家屋であり、人ではありません。

生命保険と損害保険における「被保険者」の違い

生命保険と損害保険では「被保険者」の考え方も異なります。生命保険では、保険契約時に定めた保障の対象となるのが被保険者です。死亡保障がある保険の場合は、被保険者が死亡すると保険金が支払われます。生命保険では、保険金の支払時の手続きが速やかに行われるよう、契約時に被保険者と受取人を明確に定めておきます。

損害保険の被保険者は、対象となるものによって異なります。例えば、自動車保険の場合、一般的に被保険者とは契約車両を主に使用する人のことで、補償の中心になる人を指します。火災保険で建物を対象に契約する場合には、当該建物の所有者が被保険者です。夫婦共有名義であれば被保険者は夫婦二人になります。

生命保険と損害保険における保険金算定の違い

生命保険では、原則として契約時に定めた保険金をそのまま受け取ることができます。しかし、損害保険では、保険種目によっ

生命保険と損害保険の対象

実際の損害と補償

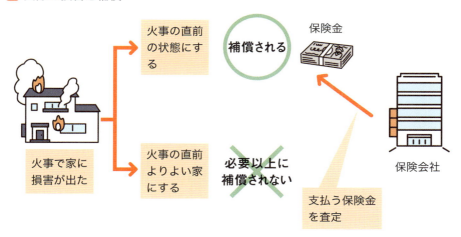

ては契約時に定めた保険金額を満額受け取れないことがあります。特にモノや財産を対象とする損害保険においては、実際の損害を補償する形で保険金を査定しています。契約した保険金額がモノの価値よりも不当に高額であれば、保険金額の満額が支払われず、モノの価値を上限に補償されるのです。

Chapter2 05

保険の対象によって3つに分類される

保険の種類と特徴

日本の保険は、その対象により第一分野、第二分野、第三分野の3つの分野に分類されており、それぞれ取り扱う事業者が異なります。それぞれの特徴について把握しておきましょう。

第一分野は生命保険、第二分野が損害保険

第一分野は、生命保険です。人の生命を保障する保険で、生命保険会社しか取り扱うことができません。生命保険には、死亡保険や生存保険、生死混合保険などの保険があります。第二分野は、損害保険です。モノや行為を対象にした保険で、主に損害保険会社が取り扱っています。自動車保険や火災保険、賠償責任保険や海上保険などが損害保険です。

第一分野、第二分野はそれぞれ生命保険会社と損害保険会社のみが取り扱うことができ、生命保険会社が損害保険を販売することはできないと定められています。

第三分野は両者の境界

生命保険会社、損害保険会社のどちらも販売することができるのが「第三分野」の保険です。代表的な第三分野の保険が、がん保険や介護保険、**三大疾病保障保険**、傷害保険、医療保険です。これらの保険は、死亡に備えるのではなく、生きるために備える保険であり需要が高まっています。

もともとは、外資系の生命保険会社などを中心に第三分野の保険を取り扱っていましたが、2001年1月の法改正によって、損害保険会社を含むすべての保険会社が第三分野の保険を取り扱えるようになりました。損害保険会社の第三分野の保険は、「**実損払い**」を取り入れるなど、生命保険会社とは異なるアプローチをしていることもあります。損害保険会社の場合、子会社の生命保険会社がその保険グループの第三分野の保険販売の軸になっているケースや通販型などのように直接損害保険会社が販売しているケースなどさまざまなかたちで展開しています。

三大疾病保障保険
死亡率が高く、治療費が高額な「がん（悪性新生物）」「心疾患（急性心筋梗塞）」「脳卒中（脳血管疾患）」の3つの病気について保障する保険のこと。

実損払い
実際に生じた損害額を支払う保険金支払い方式。傷害保険の場合は、治療に要した治療費を支払う。定額払いと比較すると保険料が割安になる傾向がある。

042

保険法における保険の分類

		生命保険	損害保険
人を対象とした保険	生命	生命保険契約	×
	その他（傷害・病気）	傷害疾病定額保険契約	傷害疾病損害保険契約
モノ（財産）を対象とした保険		×	傷害保険契約

第一分野、第二分野、第三分野の違い

	第一分野（生命保険）	第二分野（損害保険）	第三分野（傷害保険・医療保険など）
保険取扱い	生命保険会社	損害保険会社	生命保険会社及び損害保険会社
保障（補償）	「生死」の保障	損害の補償	医療・介護の保障
保険金支払い	定額払い	実損払い	定額払い及び実損払い
主な保険	死亡保険 生存保険 生死混合保険	自動車保険 火災保険 賠償責任保険 海上保険	がん保険 介護保険 三大疾病保障保険 傷害保険 医療保険

第一分野は生命保険会社のみ、第二分野は損害保険会社のみが取り扱えます。第三分野はどちらも販売できます。

第2章 保険の基礎知識

043

保険料は平均余命や死亡率から算出

「保険数理」で決まる保険料

生命保険も損害保険も、保険料は保険数理によって成り立っています。保険数理とは、数学や統計学を用いて、リスクの特定や分析などを行うことをいいます。ここでは、保険と保険数理の関係についての理解を深めましょう。

保険数理の歴史

古来より生命保険に似たしくみは存在していました。これは複数の人間がお金を出し合い、死亡などに備えるしくみです。ところが、人々から集める保険料をきちんと算定していなかったためにすぐにそのしくみは破綻してしまいました。全員から均一の保険料を徴収すれば、病人や高齢者が必ず得をしてしまうからです。

そこで、先人たちによって誕生したのが**保険数理**という学問です。彼らは、統計学や数学を駆使して、加入者の年齢や加入年数などによって保険料が変わるというシステムを確立したのです。

保険数理
保険業務に関する計算や数学的な理論のこと。

保険料は保険数理によって決められている

生命保険も損害保険も保険料は保険数理によって決定されています。生命保険分野においては、生保標準生命表や、簡易生命表、完全生命表などをもとに、平均余命や死亡率などを算出して、純保険料を算出しています。これらの計算をしているのが、**アクチュアリーと呼ばれる専門家**です。数学科などを卒業した数理業務のプロフェッショナルが、保険料の算定に携わっています。

アクチュアリー
保険会社に所属して、新しい商品を開発するための保険料を設定する人。契約者の負担になりすぎず、保険会社の運営にも見合うように計算する。

純保険料と付加保険料を足したものが保険料

生命保険でも損害保険でも、純保険料と付加保険料の合計が保険料となります。純保険料とは、保険金の支払いに必要なお金、付加保険料とは、保険会社の運営に必要なお金のことです。社員の給与、事務所の家賃などの経費をまかなうためには、付加保険料が必要不可欠です。**一般的には、保険料のうち、純保険料が7割、付加保険料が3割**といわれています。**通販型生命保険**などは、付加保険料が少なくなるため、保険料は割安になります。

通販型生命保険
テレビやインターネットなどで契約者を募集する生命保険のこと。ダイレクト系保険と呼ばれることもある。

044

生保標準生命表

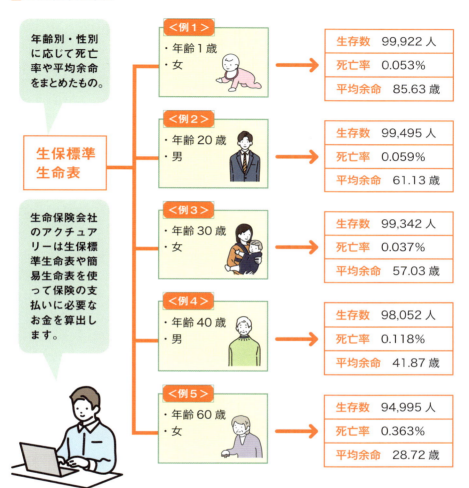

ONE POINT
話題を集める通販型生命保険

通販型生命保険（ダイレクト系保険）は、従来の保険募集人や代理店などを介在させず、契約者と生命保険会社が直接契約することから保険料が安く、話題を集めています。また、ネットで申し込みができるため、都合のよい時間に保険内容を調べたり、申込手続きができたりする手軽さもあります。一方、保険についての多少の知識がないと、しくみや保障内容を理解できなかったり、誤解してしまったりするといった恐れもあります。

Chapter2 07

市場競争の原理が激化

金融ビッグバンの基本思想

1970年代以降、アメリカやイギリスでは、金融ビッグバンと呼ばれる金融制度改革が実施されました。日本でも英米から遅れること20年、1996年から日本版の金融ビッグバンに取り組んでいます。

日本版金融ビッグバンの構想

イギリスは、1986年に証券市場の改革に取り組み、証券取引手数料を自由化したことから、世界中からイギリス市場に資金が集まりました。世界で金融の規制改革が進んでいくなか、日本だけが改革を行わなければ、世界市場に取り残されてしまいます。そこで、当時の橋本内閣が提唱したのが日本版金融ビッグバンです。日本では、フリー、グローバル、フェアの三原則に基づき、市場の活性化や国際化を目指すことになりました。このなかには、生命保険や損害保険に関わる大きな改革も含まれています。

日本版金融ビッグバンは、金融部門においては不発だったといわれており、ビッグバン以前と比較して、証券市場などに流れ込む個人資産は大きく変動していません。しかしながら、保険業界には大きな変革をもたらしました。

三原則
日本の金融市場について規制を緩和・透明化し、国際競争力を高めようとして、当時の橋本内閣が打ち出した基本原則。

金融ビッグバンがもたらした保険業界への影響

金融業界では大改革とはならなかった金融ビッグバンですが、保険業界には多大なる影響をもたらしました。大きな変革の1つは、第三分野保険の自由化です。それまでは事実上一部の生命保険会社に限定されていた、医療保険やがん保険といった第三分野の保険を、すべての保険会社が取り扱えるようになったのです。

また、火災保険、傷害保険、自動車保険の保険料率を保険会社が自由に決定できるようになりました。従来は、すべての会社が横並びの保険料率を利用しており、保険商品も同一であったことから、損害保険分野では市場競争の原理が機能していませんでした。しかし、金融ビッグバンによって競争が激化し、各社がそれぞれ魅力的な保険商品を取り扱うようになりました。

046

▶ 日本版金融ビッグバンの基本構想

日本版金融ビッグバンとは日本の金融市場が世界の市場から取り残されないために行われた大規模な金融制度改革を指します。

▶ 金融ビッグバンの影響

金融部門

不発
・証券市場に流れ込む個人資産に大きな変動はなかった

保険部門

影響大
・保険の垣根が取り払われた

→
第三分野の自由化
子会社方式による生損保の相互参入
火災・傷害・自動車保険 ➡保険会社が自由に保険料率を決定
ブローカー制度の導入

ブローカー制度の導入

さらに、損害保険においては**ブローカー制度**が導入され、従来の代理店とは異なる「ブローカー」と呼ばれる募集形態が誕生しました。

ブローカー制度
保険契約者から委託を受けたブローカー（保険仲立人）が保険契約締結に至るまでの交渉や事務を代行する制度。

047

Chapter2 08

3メガ損保が全体の9割弱の売上を占める

日米保険協議と
メガ損保グループの誕生

現在の損害保険業界は3メガ損保と呼ばれるメガ損保グループが率いています。そのきっかけとなったのが日米保険協議です。日米保険協議で話し合われたことと、メガ損保グループ誕生のきっかけを確認しておきましょう。

日米間の自由化協議

日米間では、1994年に、貿易不均衡の是正をテーマに日米包括経済協議が開かれました。保険分野は、自動車や自動車部品などと並ぶ3大テーマの1つとして大きな注目を集めていました。

保険分野について話し合われていたのが、日米保険協議です。アメリカ側は、第一分野と第二分野の規制を緩和することを求めていました。協議は膠着しながらも進展し、1996年にようやく日米保険協議が決着します。これにより、第三分野の損保乗り入れ（実施は2001年）、自動車保険、火災保険、傷害保険の保険料率自由化などが決定しました。

メガ損保グループ誕生

損害保険の保険料率の自由化などにより、損害保険会社間の競争は激化します。それとともに、新商品開発の負担も大きくなり、各損害保険会社は経営の効率化を迫られることになりました。そこで、2001年に損害保険会社各社が合併を進め、14社あった上場損害保険会社は8社にまで減少しました。合併によって、各社の事業費率は低下しており、合併の効果はあったと考えられます。

メガ損保グループの誕生により、損害保険業界の再編はいったん落ち着きをみせています。2019年現在は、3メガ損保が全損害保険会社の9割弱の売上を占めており、ほぼ独占状態にあります。3メガ損保とは、SOMPOホールディングス、東京海上ホールディングス、MS＆ADホールディングスをいいます。外資系損保やその他損保も健闘しているものの、全損害保険会社の売上の1割程度と、3メガ損保グループの牙城を崩せていません。

外資系損保
アメリカンホーム医療・損害保険株式会社、AIG損害保険株式会社、チューリッヒ保険会社などさまざまな外資系損害保険会社が存在している。

048

▶ 保険自由化の主な流れ

年　　月	起こった出来事
1996年4月	保険業法の改正 ■生命保険会社・損害保険会社の相互参入 ■算定会制度の見直し ■商品・料率の届出制の導入
1996年10月	子会社方式による生命保険会社・損害保険会社相互参入など
1996年11月	日本版金融ビッグバン構想の提唱
1996年12月	日米保険協議決着 ■第三分野の自由化 ■自動車・火災・傷害保険の保険料自由化
1997年9月	リスク細分型自動車保険の認可
1998年7月	算定会料率使用義務の廃止
2001年4月	保険商品の銀行窓販解禁
2007年9月	金融商品取引法施行
2007年12月	銀行窓販の全面解禁
2010年4月	保険法施行
2014年5月	保険業法の改正に関する法律の施行
2016年5月	保険業法改正の全面施行 ■比較推奨規制・意向把握義務の履行

▶ 損害保険会社の事業費率と損害率の推移

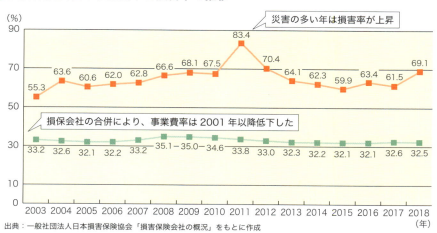

出典：一般社団法人日本損害保険協会「損害保険会社の概況」をもとに作成

Chapter2
09

独自の保険商品開発が可能に

算定会制度の見直し

1996年の日米保険協議の合意によって、損害保険会社各社は、算定会料率の利用義務がなくなり保険料を自由に決定できるようになりました。ここではその経緯をみていきましょう。

算定会誕生の経緯

　そもそも算定会とは、各損害保険会社が適切な保険料で損害保険を提供できるようにするために誕生した団体です。損害保険の保険料は、原価が定かではなく将来の予測が難しいことから価格の引き下げによる過当競争が行われやすいという側面があるためです。実際に明治時代には、価格の引き下げによって保険会社の倒産が相次ぎました。損害保険会社の倒産は、結果的には国民に対して不利益をもたらしてしまいます。

　そこで、1948年に、各社が提出した保険料率をもとに保険料を算出して、各社がそれを利用することを義務付けた「損害保険料率算出団体に関する法律」が施行されます。この法律に基づき、算定会が誕生しました。

　これ以降、損害保険会社は、火災保険、傷害保険、介護費用保険、地震保険、自動車保険、地震保険については、算定会の料率を利用して、保険料を算出していました。

算定会制度改革

　金融ビッグバンの一環によって、算定会料率の使用義務は撤廃されました。これによって、損害保険会社は、独自の保険料を設定し、独自の保険商品を開発できるようになったのです。現在、算定会は損害保険料率算出機構と名を変えて、参考純率を算出して保険会社に提示することになりました。参考純率は、アドバイザリーレートと呼ばれることもあります。

　ただし、公共性が高い自賠責保険（自動車損害賠償責任保険）、地震保険については付加保険料率部分を含めて「基準料率」を定めており、今でも各社が同一の保険料で保険を提供しています。

損害保険料率算出機構
損害保険料率算出機構では、保険料率の算出だけでなく、各種データの提供、自賠責保険の損害調査業務を行っている。

自賠責保険と地震保険
自賠責保険と地震保険は、各社ともに保険料だけでなく保険商品も同一であり、どこの保険会社で加入しても補償内容は変わらない。

050

算定会制度改革の流れ

年　　月	起こった出来事
1948年7月	損害保険料算出団体に関する法律（料団法）の交付・施行 ■各社が提出した保険料率をもとに保険料を算出 ■算定会が誕生
1948年11月	料団法の交付・施行を受け、損害保険料率算定会（損算会）設立
1951年4月	料団法改正 ■損保各社に算定会料率の使用を義務付け
1955年7月	自動車損害賠償保障法（自賠法）の公布（同年8月から翌年2月にかけて施行） ■自動車事故による被害者の保護を図る ■自動車運送の健全な発達と目的として制定
1956年1月	自賠責保険共同査定事務所（現在の自賠責損害調査事務所）を開設
1956年3月	自賠責保険共同本部を設置し、自賠責保険共同査定事務所をその統括下に置く
1964年1月	自動車保険料率算定会（自算会）設立
1966年5月	地震保険に関する法律（地震保険法）の公布・施行 ■居住用建物と家財を補償の対象とする ■地震などによる被災者の生活の安定に寄与することを目的として制定
1981年8月	自算会に自賠責損害調査事務所の上部組織である地区本部を3地区に設置（以降、全国に順次設置）
1998年6月	保険業法の改正 ■算定会制度の見直し
1998年7月	算定会制度の改革 ■算定会が算出する料率の使用義務の廃止 ■参考統率・基準料率への移行
2002年7月	両算定会が統合し、損害保険料率算出機構が業務開始

出典：損害保険料率算出機構「損害保険の歴史と当機構の歩み」をもとに作成

Chapter2
10

保険会社が破たんしても、契約者は守られる

保険会社の破たんと
保険契約者保護機構の創設

バブル崩壊後、日本では生命保険会社の経営破たんが相次いだことを受けて、保険契約者の保護を目的とした保険契約者保護機構が創設されました。ここではその流れを確認しておきましょう。

バブル崩壊後、生命保険会社が次々に破たん

　バブル崩壊後、生命保険会社の経営が悪化し、多くの会社が破たんしました。破たんの原因は資産価格の下落や、金利水準の低下など、バブル経済の崩壊によるものが多いと考えられています。バブル崩壊以前に、生命保険会社各社が、契約者配当の実施や予定利率の引き上げなどの価格競争を行ったことも一因です。

　1997年の日産生命の破たんを皮切りに、東邦生命や第百生命、大正生命、千代田生命などが次々と破たんしました。大手生命保険会社は破たんしていないものの、破たんした生命保険会社の全体における資産割合は10％以上と、決して少ないものではありません。この一連の破たんでは、契約者に負担を強いる形で処理が進められており、契約者が多大な不利益を被っています。

保険契約者保護機構の創設

　保険会社が倒産した場合に契約者を保護するために1996年に保険契約者保護基金が創設されました。しかし、保険契約者保護基金は、破たんした保険会社を救済する保険会社があらわれなければ契約者が保護されないというものでした。そこで、1998年に保険業法が改正されて、保険契約者保護機構が導入されました。保険契約者保護機構は、生命保険契約者保護機構と、損害保険契約者保護機構の2種類が存在します。国内で活動しているすべての保険会社はそのどちらかに加入しており、保険契約者は保険会社が破たんしても保護されることになります。

　保険契約者保護機構では、救済保険会社があらわれた場合はそちらに保険契約が移転し、あらわれなかった場合は、保護機構が設立した子会社に保険が引き継がれます。

保険契約者保護機構
保険会社が経営破たんした際に、保険契約者の保護を図り、保険業に対する信頼性を維持することを目的としている。

052

▶ 破たんした生命保険会社のその後

会社名	破たん時期	救済保険会社	経営移譲時期
日産生命	1997年4月	あおば生命	1997年10月
		➡プルデンシャル生命	2005年2月
東邦生命	1999年6月	ＧＥエジソン生命	2000年3月
		➡ＡＩＧエジソン生命	2004年1月
		➡ジブラルタ生命	2012年1月
第百生命	2000年5月	マニュライフ生命	2001年4月
大正生命	2000年8月	アザミ生命	2001年3月
		➡大和生命	2002年4月
千代田生命	2000年10月	ＡＩＧスター生命	2001年4月
		➡ジブラルタ生命	2012年1月
協栄生命	2000年10月	ジブラルタ生命	2001年4月
東京生命	2001年3月	Ｔ＆Ｄファイナンシャル生命	2001年10月
大和生命	2008年10月	プルデンシャル　ファイナンシャル　ジャパン生命	2009年5月
		➡プルデンシャル　ジブラルタ　ファイナンシャル生命	2010年4月

▶ 生命保険会社の経営悪化・破たんの主な歴史

年　月	起こった出来事
1995年	保険業法改正
1997年	日産生命に業務停止命令
1998年	ソルベンシー・マージン比率の公表 保険契約者保護機構の導入
1999年	東邦生命に業務停止命令
2000年	第百生命に業務停止命令 保険業法改正（更生手続の導入） 大正生命に業務停止命令 千代田生命が更生特例法の適用申請 協栄生命が更生特例法の適用申請
2001年	東京生命が更生特例法の適用申請 大成火災が更生特例法の適用申請
2003年	保険業法改正（契約条件の変更が可能になる）
2005年	保険業法改正（セーフティーネットの見直しなど）
2008年	大和生命が更生特例法の適用申請

バブル経済の崩壊が原因

破たんした生命保険会社の資産割合が全体の10%以上を占める

Chapter2
11

規制緩和によって新規参入が増加

財務体質の改善と
外資系保険会社の参入

生命保険会社の倒産が相次いだ1990年後半から2000年前半を乗り切り、生命保険会社各社の財務体質は徐々に改善されていきました。また、規制緩和によって外資系が参入し、生命保険協会への加盟会社は増加しています。

財務体質の改善

1998年以降、中堅生命保険会社の倒産が相次ぎ、生命保険業界に暗雲が立ち込めていましたが、2005年頃から生命保険会社の財務体質の改善が進みました。責任準備金を積み増しており、積立準備金は大手4社だけで1,000億円を超えています。これを受けて、アメリカの格付会社は国内生命保険会社の格付けの引き上げに踏み切りました。

生命保険会社の財務体質が改善した理由は、国内景気の上向きや、それに伴う保険料収入の増加にあると考えられます。2006年以降、国内保険会社の年換算保険料収入は12年連続で増加を続けています。また、生命保険会社が保有する契約件数も2018年時点で、10年連続で増加しています。なお、総資産は2年連続の増加となり、過去最高を記録しました。

責任準備金
保険会社が、保険契約上の危険負担責任を果たすために積み立てている準備金のこと。責任準備金の積み立ては、保険業法によって義務付けられている。

規制緩和による外資の新規参入

1990年代後半から2000年代初頭にかけて、生命保険会社の破たんが相次ぎました。破たんした生命保険会社を買収したのが5社の外資系生命保険会社です。その後も外資系生命保険会社の参入は続き、1990年代には合計で8社、2000年代には11社、2018年現在で16社が外資系の生命保険会社です。また、2011年にプルデンシャルグループがAIGエジソン生命と、AIGスター生命を買収するなど、外資系同士の再編が進んでいます。外資系生命保険会社は、第三分野の保険を得意としており、がん保険や医療保険の分野では、アメリカンファミリーのがん保険が有名です。

生命保険会社だけでなく損害保険会社も外資系が次々と参入し、自動車保険の通販型商品では一定のシェアを占めています。

054

▶ 年換算保険料収入の推移

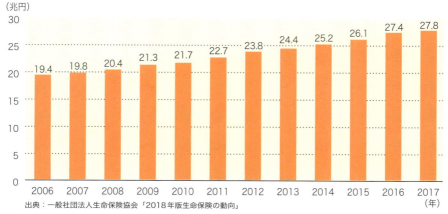

出典：一般社団法人生命保険協会「2018年版生命保険の動向」

年換算保険料収入は、第三分野も含めて増加を続けています。

▶ 生命保険会社(41社)の総資産の推移

出典：一般社団法人生命保険協会「2018年版生命保険の動向」

2017年度の総資産は381兆2,751億円と過去最高となりました。

Chapter2
12

病気のリスクに備える保険が人気

第三分野保険市場の拡大

かつては、保険といえば自分の死後や老後に備えるものがメインでしたが、今では生きるために必要な保険として「第三分野の保険」も人気を集めています。

契約が増え続ける第三分野の保険

　少子高齢化が進み、多くの日本人は死亡のリスクだけでなく、病気になった際のリスクに備えたいという意識をもつようになりました。それに応えることができるのが第三分野の保険です。第三分野の保険は、医療保険やがん保険、傷害保険や介護保険など、生命保険会社、損害保険会社ともに扱える保険です。生命保険会社が保有する保険契約のうち、第三分野に該当する保険契約の保険料収入は12年連続で増加しています。

　第三分野の保険が増加する背景には、医療の発達により、がんや三大疾病などの従来は死亡率が高かった病気にかかっても、死亡することなく延命が可能になりつつあることなどが挙げられます。以前のように病気が必ずしも死に直結するわけではありません。治療を続けながら仕事に復帰することも珍しくなくなりました。また、未婚率の上昇や平均寿命の延びなどで、自分のために保険加入を考える契約者も増えています。

第三分野の保険料の競争激化

　医療保険やがん保険など第三分野の保険は自由化以降、競争が激化しています。ネットの保険加入についても従来のようなパソコンではなく、スマホからの加入も進んでおり、ウェブ上の使い勝手もよくなっています。また保険金請求をスマホから対応するようになっているのも最近の特徴の1つです。医療自体が大きく変わってきたことも影響しており、以前のように入院を主体とした治療だけではなく、在宅療養や通院などに保障の軸が移っています。こうした状況から医療保険も入院だけでなく手術や通院に軸足を置いたものや就業不能に対応する保険も増えているのです。

未婚率の上昇
国勢調査によると、30〜34歳の男性の未婚率は1985年には28.2％であったが、2015年には47.1％に、同年齢の女性の未婚率も10.4％が34.6％と増えている。

▶ 第三分野の保険料収入の推移

出典：一般社団法人生命保険協会「2018年版生命保険の動向」

第三分野の保険には医療保険、がん保険、傷害保険などがある。生保・損保の両方が扱える

第三分野の保険料収入は12年連続で増加しています。

▶ 年齢別未婚率の推移

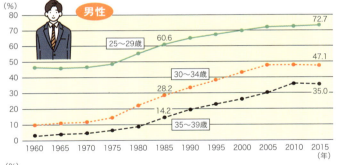

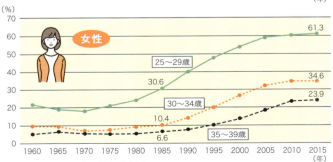

注：1690〜1970年は沖縄県を含まない。
出典：総務省「国勢調査」

未婚率は男女ともに高くなっている傾向にあります。そのため、家族のためではなく自分のための保険が増えています。

第2章 保険の基礎知識

057

Chapter2
13

2008年に制定、2010年から実施

契約者保護を定めた「保険法」

保険法は、保険契約に関するルールを定めている法律です。保険を契約してから終了するまでの保険会社や契約者などの権利や義務が定められています。ここでは保険法の歴史や概要を確認しておきましょう。

保険法は2008年に作られた新しい法律

　2008年、保険法という法律が新しく制定されました。それまでは保険法という独立した法律はなく、商法のなかに保険契約に関する項目が定められていました。商法が制定されたのは1899年で、それから100年近く実質的な改正が行われていませんでした。商法の保険に関する規定は、カタカナや文語体のままであり、現在の保険契約の実態に即しているものではなかったのです。そこで、商法の保険契約に関する規定を全面的に見直して誕生したのが保険法です。保険法は2010年4月1日から施行されています。

保険法が制定されて変わったこと

　保険法の制定により、保険契約や保険金支払いなどにさまざまなルールが加わりました。例えば、保険金支払い時期に関する規定です。保険法が施行されるまでは、保険金の支払い所要日数には規定がありませんでした。そのため、保険金支払いが遅延して契約者が不利益を被るというケースも少なからず存在していました。そこで、保険法では、保険金支払いまでの所要日数を定め、それを超過した場合は遅延利息を支払うことを規定しました。この規定の創設により、保険会社各社は、保険金請求書類の手配が完了すると、迅速に保険金を支払うようになりました。

　生命保険においては、遺言によって保険金受取人を変更することが認められるようになりました。契約者が被保険者の同意を得ており、法的に有効な遺言書である場合は、保険金受取人の変更が可能になります。

　また、保険法で定められた内容よりも、契約者が不利になる約款の規定は無効となることも規定されました。

遅延利息
保険法で定められた遅延利息は、2020年4月1日の民法改正により年率3％に改正された。以後は3年ごとに市中金利の変動に合わせて見直す変動制が導入される。

約款
保険会社が発行する書類で、保険金を支払う場合や支払わない場合、保険金の支払い方法などが記載されている。保険会社は約款の規定をもとに保険金を支払う事故であるかどうかを判断する。

058

保険法の概要

| 商法 1899年制定 | 商法が制定されたのは100年以上前のこと。保険契約の規定はカタカナや文語体で読みにくい。保険内容も現在に即していない |

- 共済契約には適用しない
- 損害保険と生命保険の規定しかない
- 損害保険のルールが硬直的
- 責任保険の被害者を保護するルールがない
- 保険金受取人の変更ルールが不明確である
- モラルリスクの防止が不十分

| 保険法 2010年4月1日施行 | 商法の契約規定を全面的に見直した。ルールを現状に即したものに変更 |

- 保険金支払いまでの所要日数を定める。所要日数を超過した場合は遅延利息を支払う
- 共済契約にも適用範囲を拡大した
- 超過保険や重複保険について、保険金額が目的物の価値を超える部分の契約も有効
- 事業リスクのための契約については、片面的強行規定の適用を除外
- 責任保険における被害者の優先権を確保
- 保険金受取人の変更ルールの整備
- 重大な事由があった場合に保険者が契約を解除できる旨の規定を新設

保険法では契約者に不利になる法律は改正されました。

Chapter2 14

保険料や商品の自由化を推進

保険会社を監督するルール「保険業法」

保険業法とは、保険会社を監督するための法律です。保険会社の組織や業務の監督や募集に関する規定などを定めています。ここでは、保険業法の概要と法改正による変更点について確認しましょう。

保険業法の概要

保険業法の対象となるのは、生命保険会社や損害保険会社などの保険会社です。こくみん共済coop（全労済）や都民共済、県民共済、JA共済などは、消費生活協同組合法や農業協同組合法などの法律で監督されています。

保険業法では、生命保険や損害保険を募集する場合は、生命保険会社は生命保険業免許、損害保険会社は損害保険業免許が必要であると定めています。

また、生命保険会社の従業員が保険を募集する場合は生命保険募集人の登録を受ける義務があります。損害保険代理店も同様に、登録が必要です。

さらに、保険業法では、保険の募集や販売の際に当たっての説明義務や禁止行為、**クーリングオフ**などを定めています。

1996年の法改正の改正点

保険業法は、1996年に大きく改正され大幅に規制が緩和されました。なかでも大きなものが第三分野の自由化です。また、子会社方式によって、生命保険会社が損害保険を取り扱うこと、損害保険会社が生命保険を取り扱うことを認めました。

保険料率や保険商品についても、従来は監督省庁の許可を得なければならなかったものが、一部届出制に変更されるなど、保険料や商品の自由化を推進する内容に改正されています。

契約者保護の観点では、**ソルベンシー・マージン比率**が導入されて、保険会社の経営状態の把握が容易になりました。さらに、生命保険会社や損害保険会社の破たんの際に契約者を保護できるよう、保険契約者保護機構の設立も規定されました。

クーリングオフ
保険業法309条で定められている。契約者は一定の条件を満たしている場合は書面にて契約を解除できる。

ソルベンシー・マージン比率
経営の健全性をはかる指標。詳細については P.220を参照のこと。

060

保険業法の概要

対象
- 生命保険会社—生命保険業免許が必要
- 損害保険会社—損害保険業免許が必要

制定事項
- 保険募集・販売の際の説明義務
- 禁止行為の明確化
- クーリングオフについての説明

保険業法の歴史

年　月	起こった出来事
1900年	保険業法の制定
1939年	保険業法の全面改正 ■現行法に近い形になる
1948年	保険募集の取締に関する法律の制定 ■保険契約者の保護を図る
1996年	改正保険業法の施行 ■第三分野への損害保険会社の参入 ■子会社方式による生命保険会社・損害保険会社の相互参入 ■保険料率や保険商品が許可制から届出制に変更 ■ソルベンシー・マージン比率の導入 ■保険契約者保護機構の設立

1996年の改正で保険会社の経営状態がわかりやすくなりました。また、保険会社が破たんした場合の契約者の保護も考慮されるようになりました。

COLUMN 2

時代とともに変わりゆく保険

戦争と大震災によって認知度がアップ

　日本で近代的な生命保険が販売されたのは明治時代に入ってからです。当初は終身保険の契約が多かったのですが、徐々に養老保険が人気を集めていきました。養老保険の契約数が増えた理由は、日本人は伝統的に貯蓄思想が強いこと、死亡保障に対して割り切って考えられなかったからだといわれています。

　その後、日清戦争や日露戦争で多くの戦死者に保険金が支払われたことから生命保険の認知度が急激に上昇しました。関東大震災の発生で、さらに保険の必要性が認知されていきます。富国生命は、関東大震災後に、「徴兵保険」という保険を販売しています。徴兵保険とは、徴兵された時点で保険金を受け取れる保険です。

ライフスタイルの変化によって多様化する保険

　戦後はさらに生活保障の部分を手厚くした定期付養老保険が販売され、契約者数はますます増えます。その後、経済復興とともに定期付養老保険の契約件数はさらに増えていき、1958年には保有契約残高は戦前の最高水準にまで回復します。

　しかし、1980年代に入ると、定期付養老保険よりも安い保険料で、高額の死亡保障を得られる定期付終身保険が人気を集め、主力商品となります。1992年に日本生命が介護保障や年金保障、死亡保障を組み合わせて保障を選択できる商品で注目を集めると、各社がそれに追随する保険を販売するようになりました。

　現在は、利率変動型終身保険や積み立て型の商品、第三分野の医療保険やがん保険など、保障内容の多様化が進んでいます。

　また、戦後の高度成長期に自動車の普及が進みました。1956年には自動車保有台数が150万台を突破し、この年の交通事故による死者は6,751人に上りました。

　そこで、交通事故の被害者を救済するために誕生したのが自賠責保険です。これにより、交通事故の被害者は、最低限の補償を受けられるようになりました。

第3章

生命保険の
基礎知識

生命保険は、もしものときの備えとして多くの人に利用されています。第3章では生命保険の種類やしくみを基礎から解説します。掛け捨てと終身保険の違い、保険金が支払われないケース、業界の再編の動きなどを理解しましょう。

Chapter3
01

死亡時や老後の生活に備える

生命保険とは

生命保険は、大勢の人で保険料を出し合って万が一に備える保険です。ここでは、生命保険と似たような性質をもつ貯蓄との違いや、医療保険との違いについて解説します。

生命保険と貯蓄の違い

生命保険は、一定の保険料を支払うことで将来のリスクに備えるものです。生命保険の種類によるものの、ほとんどの生命保険は加入した時点で保険金の請求が可能です。それに対して、貯蓄は時間が経過するに従って積立金額が増加していきます。

ただし、生命保険は預貯金ではありませんので、貯蓄性のある保険を途中で解約しても支払った保険料が必ず満額戻ってくるわけではありません。預貯金は、自分の意思でいつでも引き出せます。生命保険のなかには貯蓄性が高い学資保険などの保険商品もあります。しかし、これは満期到来前に解約した場合に受け取れる中途解約金が払込保険料よりも少額になってしまいます。この点が生命保険と預貯金の大きな違いでしょう。

学資保険
子どもの教育費を積み立てることが目的の保険。親が死亡した場合は、保険料の払い込みが免除されるなどの特徴がある。

生命保険と医療保険の違い

医療保険は、生命保険と混同されることが多いですが、中身はまったく違います。生命保険は、死亡時や老後の生活に備えるものがほとんどです。一方、医療保険は病気やケガで入院や通院したときに、給付金を受け取ることができる保険です。生活習慣病や女性の病気に特化したものなどさまざまな医療保険が販売されています。また、生命保険に医療保険と同様の特約をつけることもできます。疾病入院特約や通院特約などがあります。

生命保険は第一分野の保険に分類され、生命保険会社しか販売できません。それに対して、医療保険は第三分野の保険に分類され、生命保険会社でも損害保険会社でも販売できます。また、第三分野の保険は外資系生命保険会社も多く取り扱っており、契約件数が年々増加しています。

特約
主契約に付保できる、付随的な保障。入院した際に給付金を受けることができる入院特約や通院特約など、さまざまな特約が用意されている。

064

▶ 生命保険と貯蓄の違い

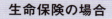
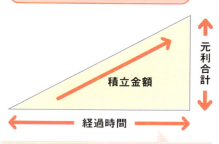

保険は加入した時点で満額の保険金が請求可能なので、図で示すと四角形になる

貯蓄は時間が経過すると積立金額が増加するので、図で示すと三角形になる

生命保険は途中で解約すると支払った金額は満額戻ってこない。貯蓄の場合には、自分の意志でいつでも引き出すことができる

▶ 医療保険の加入率

（民保加入世帯ベース・複数回答可）（%）

	2009年	2012年	2015年	2018年
医療保険・医療特約	92.8	92.4	91.7	88.5
がん保険・がん特約	59.5	62.3	60.7	62.8
特定疾病保障保険・特定疾病保障特約	41.0	43.4	44.0	39.6
特定損傷特約	29.4	29.3	28.0	22.8
疾病傷害特約・重度慢性疾患保障特約	16.2	17.9	16.4	12.4
介護保険・介護特約	13.7	14.2	15.3	14.1
通院特約	42.2	43.8	40.6	35.0
生活障害・就業不能保障特約	–	–	–	12.0

※民保（かんぽ生命を除く）に加入している世帯が対象
出典：公益財団法人生命保険文化センター

Chapter3
02

保険料を決める3つの利率

保険料は「予定基礎率」から算定

生命保険の保険料は、生命保険の予定基礎率（予定死亡率、予定利率、予定事業費率）から算定されています。ここでは、3つの利率の概要や生命保険の保険料の構成を確認しておきましょう。

生命保険の予定基礎率

生命保険の保険料を決める予定基礎率とは、予定死亡率、予定利率、予定事業費率のことです。

予定死亡率とは、統計に基づいて性別、年齢ごとに算出した死亡率です。予定死亡率が低ければ、死亡する人が少ないということなので保険料は安くなります。

予定利率とは、保険会社が見込んでいる運用の利回りです。市場が好景気であれば予定利率が高くなり、保険料が安くなります。

予定事業費率は、人件費や家賃、広告費などの保険会社を運営するために必要な経費のことです。予定事業費率が低ければ、保険料も安くなります。通販タイプの生命保険は、予定事業費率が低いため保険料が手頃です。

これら3つの予定基礎率は、大数の法則及び収支相等の原則に基づき計算されています。

大数の法則
少数では不確定のことでも大数では一定の法則があることをいう。

純保険料と付加保険料

生命保険の保険料は純保険料と付加保険料で構成されています。純保険料を決めるのが、予定死亡率と予定利率です。純保険料は、さらに死亡保険料と生存保険料に分類されます。

付加保険料は、予定事業費率をもとに算定されています。従来、生命保険の純保険料と付加保険料の内訳は公開されていませんでしたが、ライフネット生命が業界で初めて純保険料と付加保険料の内訳を公開しました。それによると、ライフネット生命では人や店舗にかかる経費を低く抑えているのでその分、付加保険料が低く設定されています。

死亡保険料
死亡保険金の支払いに充てられる部分。

生存保険料
生存保険金の支払いに充てられる部分。

▶ 保険料の算定方法

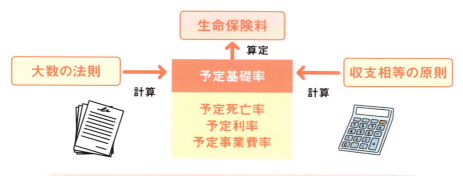

▶ ライフネット生命の純保険料と付加保険料の例

定期死亡保険「かぞくへの保険」(保険期間：10年)

男性		保険金額 1,000万円	保険金額 3,000万円	保険金額 5,000万円
20歳	保険料	¥920	¥2,260	¥3,600
	■純保険料	¥546	¥1,638	¥2,730
	■付加保険料	¥374	¥622	¥870
40歳	保険料	¥1,925	¥5,275	¥8,625
	■純保険料	¥1,365	¥4,095	¥6,826
	■付加保険料	¥560	¥1,180	¥1,799

女性		保険金額 1,000万円	保険金額 3,000万円	保険金額 5,000万円
20歳	保険料	¥547	¥1,141	¥1,735
	■純保険料	¥242	¥726	¥1,210
	■付加保険料	¥305	¥415	¥525
40歳	保険料	¥1,463	¥3,889	¥6,315
	■純保険料	¥989	¥2,966	¥4,943
	■付加保険料	¥474	¥923	¥1,372

※2019年12月1日現在。
出典：ライフネット生命保険株式会社

ライフネット生命は販売経費を抑えたので、その分、付加保険料は低く設定されている

Chapter3 03

物価の変動により、受け取る保険金の価値が変わる

生命保険と物価上昇の関係

生命保険は、万が一の際に必要なお金を保険金額に設定します。どれくらい必要なのかは、年齢や家族構成などから算定可能ですが、正確に必要な保険金額を設定するためには物価の変動も考慮する必要があります。

生命保険と物価上昇の関係

　資本主義社会においては、物価は景気の動向などによって変動します。物価が上昇することをインフレーション、下落することをデフレーションといいます。インフレーションを考慮せずに、現在の物価で保険金額を設定した場合、将来受け取る保険金では十分な保障を受けられない可能性があります。例えば、将来物価が2倍になった場合、現在の500万円は250万円分の価値しかなく、想定していたリスクを補うことはできません。物価上昇率は、総務省統計局が発表している消費者物価指数で確認できます。

物価上昇に対応する方法

　生命保険で物価上昇に対応するためには、変額保険や市場価格調整を利用した生命保険などに加入しておく必要があります。ただし、これらの保険は株式や債券での運用結果に左右されますので、デフレーションが発生した場合は、受け取る保険金額が少なくなるというデメリットがあります。

　日本は20年以上も物価はほとんど上昇していなかったため、多くの人が物価上昇に対しては大きな危機感を抱かずに、生命保険に加入していました。代表的なものが学資保険です。学資保険は子どもが誕生した際に契約することが多く、ほとんどの契約期間は18年から20年です。現在は、安倍政権による2％の物価上昇を目標とした量的緩和政策が進んでいますので、経済が成長していけば20年後の物価は現在よりも上昇していると考えるほうが自然です。

　これからは、生命保険を契約する際は、物価上昇を見据えた商品を組み合わせることや、市場の動向を注視して保険を契約し直すなどの対策が求められます。

消費者物価指数
総務省が毎月発表している指数の1つ。小売店やスーパーなどの物価をもとに計算されている。

量的緩和政策
中央銀行が市場に供給する資金を増やして景気回復を図る政策のこと。

068

▶ インフレーションが発生したときの保険の価値

子どもが誕生したときに契約することが多い学資保険は要注意。契約満期（18〜20年後）には、受け取る金額の価値が下がっているかもしれない

▶ 消費者物価指数（全国）の前年比の推移

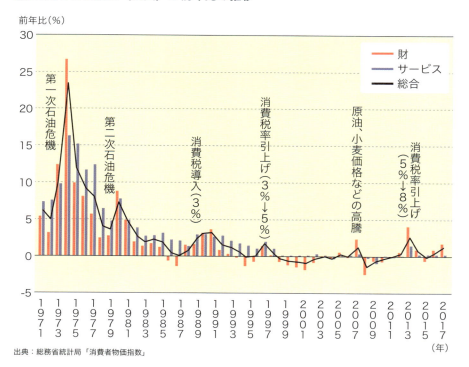

出典：総務省統計局「消費者物価指数」

Chapter3
04

掛け捨て保険のメリットとデメリット

掛け捨て保険と積み立て保険の違い

掛け捨て保険と積み立て保険は、それぞれよく耳にする保険ですが、その違いはどこにあるのでしょうか。それぞれの違いや、掛け捨て保険のメリットとデメリットを確認しておきましょう。

解約返戻金
契約を解約した場合に保険会社から契約者に支払われるお金のこと。保険によっては払い込んだ保険料よりも高額の解約返戻金を受け取ることもできる。

満期保険金
保険金請求をせずに満期を迎えた場合に支払われる保険金のこと。

終身保険
死亡保障が生涯続く生命保険。解約返戻金が支払われることから、貯蓄性がある死亡保険として根強い人気を誇る。

掛け捨てと積み立て保険

死亡した際に、遺族が保険金を受け取ることができる死亡保険は、大別するとほぼ掛け捨てタイプの保険と、解約返戻金や満期保険金などが受け取れる積み立て保険があります。

例えば掛け捨て保険に該当するのは定期保険で、保障が契約時に定めた一定期間のみで、解約返戻金はゼロ、あってもごく少額というものがほとんどです。また、その分保険料が割安です。

それに対して、積み立て保険に該当するものに終身保険があります。終身保険は死亡するまで保障が続き、解約返戻金を受け取ることも可能です。受け取れる解約返戻金は、保険期間が経過するとともに増額します。保険料は、定期保険よりも割高です。

掛け捨て保険は損か得か

掛け捨て保険はその名のとおり、満期保険金や解約返戻金がない保険です。死亡する、あるいは高度の障害状態になるなどの状況でなければ保険金を受け取れないので、支払った保険料が無駄になると考える人が少なくありません。

その点、終身保険は解約返戻金を受け取れますので、解約すればある程度の保険料を取り戻すことができます。しかし、終身保険の保険料は高く、日々の家計へのインパクトは大きいものです。

掛け捨ての定期保険は、お金を貯めることはほとんどできませんが、少額の保険料で大きな保障を手にすることができるというメリットもあります。標準利率の引き下げで積み立て保険の魅力が落ちています。保障と貯蓄を分けて考えることは、合理的な保険設計ともいえるのです。

070

掛け捨て保険と積み立て保険の違い（定期保険と終身保険の例）

	毎月の保険料	解約返戻金	保障期間	ポイント
掛け捨て保険（定期保険）	割安	なし	一定期間	少額の保険料で大きな保障を得られる
積み立て保険（終身保険）	割高	あり	死亡するまで	保険期間が長くなるほど解約返戻金は増額される

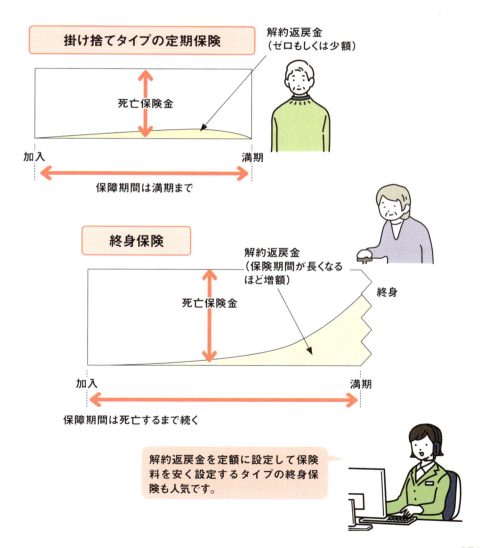

解約返戻金を定額に設定して保険料を安く設定するタイプの終身保険も人気です。

Chapter3
05

長生きしても生活に困らないための保険が必要に

死亡保障から生存保障へと変化する生命保険商品

以前の生命保険会社の主力商品は、終身保険や定期保険などの「死亡リスク」に備える保険でした。しかし、少子高齢化や世帯構成の変化によって求められる保険に変化が起きています。

大型死亡保障ニーズの低下

死亡保障
死亡時に保険金を受け取ることができる保険。定期保険や終身保険、定期保険特約付終身保険など。

生存保障
存命中に保険金を受け取ることができる保険のことをいう。個人年金保険や貯蓄保険など。生死混合保険としては、養老保険や定期保険特約付養老保険などがある。

かつては、死亡時に多額の保険金が受け取れる終身保険や定期保険が人気を集めていましたが、現在は死亡保障ではなく、生きるための生存保障をメインとした保険の契約数が増加しています。代表的なものが、個人年金保険や医療保険です。

個人年金保険は、公的年金では不足する部分を補う保険として、現役世代を中心に契約件数が微増の傾向です。なお、標準利率の改定で個人年金保険も以前よりも魅力が落ちており、多くの個人年金保険が外貨建ての商品に移行しています。また、日本人の老後の生活への不安は今後ますます増大すると考えられます。

医療保険は、病気になった際の治療費や生活費を補うために加入する契約者が増えており、まさに生きるための保険といえるでしょう。死亡することより長生きすることがリスクといわれる時代に突入し、病気や老化で働けなくなった場合に豊かな生活を送るための保険商品の選択が求められています。

年齢に応じて保険を見直して保障内容を最適に

生命保険に求められる保障は、年齢・性別や家族の有無などによって大きく変化します。未婚の一人暮らしの20代の男性であれば、死亡保障よりも、働けなくなった場合の医療保障などが中心となります。40代の既婚の子持ちの男性であれば、死亡保障を中心として、子どもの教育費をまかなう学資保険や、将来に備える個人年金が求められます。

このように、同一人物であってもライフステージの変化によって、主力の保障を組み替えていき、常に最適な生命保険に加入しておきましょう。

▶ 個人年金保険の保有契約件数の推移

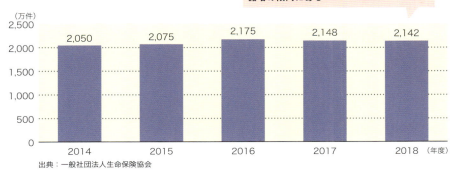

2018年度はやや横ばいだが、全体としては微増の傾向にある

出典：一般社団法人生命保険協会

▶ 個人年金保険新契約の年代別構成比の推移

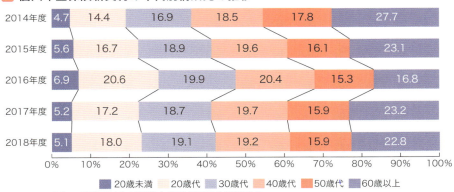

出典：一般社団法人生命保険協会「2019年版生命保険の動向」

年代別にみると、「60歳以上」がやや多いものの、20歳以上の各年代で同じように新契約が結ばれている。このことから、個人年金保険は幅広い年齢層に関心がもたれていることがわかる

年齢や性別などによって大きく変わる

働けなくなった場合の医療保障などが必要

未婚の一人暮らし 20代男性

死んだときに家族に残したい。子どもの養育費も心配

子持ちの 40代男性

老後の年金を補いたい

一人暮らしの 60代女性

073

契約の対象や保険料が変わる

個人保険と団体保険の違い

生命保険の分類の1つに個人保険と団体保険があります。個人保険は、個人が契約する保険で、団体保険は企業などが契約者となる保険をいいます。ここではそれぞれの違いについて確認しましょう。

個人保険と団体保険の違い

個人保険は個人が保険会社と契約を結ぶ保険で、契約者は個人です。契約者は保険会社に直接保険料を支払います。それに対して、団体保険は勤務先や団体などを通じて契約する保険です。契約者は団体で被保険者が個人になります。保険料は、会社が給料から天引きするなどして徴収し、保険会社に一括して支払います。個人保険と比較すると、団体保険のほうが被保険者の数によって最大30％程度保険料が割安になり、保険金や給付金の請求時は、保険会社ではなく会社の担当者に連絡します。

団体保険の契約は被保険者にとってメリットが大きいことから、企業の福利厚生として導入されることが少なくありません。福利厚生として導入されている団体保険は、従業員全員が加入し、保険料を会社が負担しているものと、個人が任意で加入して保険料も個人が加入するものがあります。また、企業年金制度として団体保険を取り入れる企業もあります。ただし、勤務先の団体保険に加入している場合、会社を退職すると割引などの恩恵が受けられなくなり、通常の個人契約と同じ保険料になる場合があります。

団体保険の種類

団体保険には、団体生命保険、団体年金保険、財形保険、医療保険、就業不能保障保険などの種類があります。住宅ローンを契約する際に加入が求められる団体信用生命保険も団体保険の一種です。団体信用生命保険は、住宅ローンの支払い義務者が、死亡もしくは高度障害状態に陥った場合に、住宅ローンを全額返済する保険です。住宅ローンの団体信用生命保険を契約するためには、年齢や健康状態などの条件をクリアしておく必要があります。

契約者
保険会社と保険契約を締結している人のことをいう。団体保険の場合は、企業や団体が契約者となる。

被保険者
保険の対象者。生命保険の場合は、死亡保険金などは被保険者が死亡した場合に支払われる。受取人と同一でない場合もある。

▶ 団体契約のしくみ

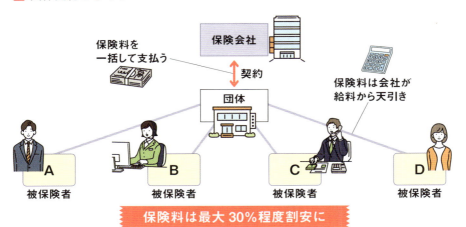

▶ 2018年の団体生命保険と団体年金保険の契約団体数（保有契約）

保険種類	団体数(件)	被保険者数(人)	前年対比(%)	金額(百万円)
団体生命保険	49,149	208,269,643	100.9	391,708,475
団体定期保険	8,433	63,307,030	101.0	110,159,533
総合福祉団体定期保険	37,484	29,519,015	99.8	91,534,111
団体信用生命保険	1,264	114,656,971	100.3	189,487,205
消費者信用団体生命保険	15	308,721	94.7	91,226
その他の保険	1,953	412,273	176.5	289,998
年金特約	(975)	65,633	97.4	146,399
団体年金保険	31,462	58,884,763	97.1	34,962,343
団体年金保険	0	0	–	0
企業年金保険	28	15,801	95.9	9,681
新企業年金保険	2,347	40,208,973	100.8	2,929,668
拠出型企業年金保険	7,793	17,555,647	99.0	13,323,365
年金積立金管理運用独立行政法人保険	-	-	-	0
変額年金積立金管理運用独立行政法人保険	-	-	-	0
厚生年金基金保険	19	1,104,342	37.9	713,710
企業年金連合会保険	-	-	-	0
国民年金基金保険	-	-	-	64
国民年金基金連合会保険	-	-	-	0
団体生存保険	-	-	-	431,898
確定拠出年金保険（企業型）	6,596	-	-	1,323,379
確定拠出年金保険（個人型）	41	-	-	142,174
確定給付企業年金保険	14,638	-	-	16,088,400
その他の保険	0	0	-	0

住宅ローンを契約するときに加入が求められる保険。ローンの支払い義務者が死亡した場合などにローンの返済を保障する

従業員の退職後に会社が支給する年金や退職金を積み立てるための保険

出典：一般社団法人生命保険協会「年次統計」をもとに作成

契約時に約款を確認

保険金が支払われるケースと支払われないケース

生命保険会社は約款で、保険金を支払う場合と支払わない場合を規定しています。では、どのような場合に保険金は支払われ、どのような場合は保険金が支払われないのでしょうか。

保険金が支払われるケース

原則として、支払事由に該当しており、約款の「保険金を支払わない場合」に該当しなければ、保険金は支払われます。「高度障害状態」になった場合に保険金を支払うとしている保険の場合は、以下のような状態で保険金が支払われます。
・両目の視力が永久に失われた
・言語機能が永久に失われた

医療保険の場合は、主に疾病などで医療機関に入院や手術をした場合に保険金が支払われます。

生命保険の保険金が支払われるケースは、加入している保険の種類や保険会社によって異なりますので、契約時に確認しておかなければなりません。

保険金が支払われないケース

保険金が支払われない理由は、以下の4つに大別できます。
・支払事由に該当しない場合

保険金を支払う場合に該当しなければ、保険金は支払われません。例えばがん保険では、がん以外の疾病が原因で入院した場合は給付金を受け取ることができません。
・免責事由に該当した場合

約款に「保険金を支払わない場合」として規定していることを免責事由といいます。免責事由の代表例が、保険の始期から所定の日数以前に被保険者が自殺した場合や、契約者や受取人による殺人によって生じた死亡保険金の請求などです。
・告知義務違反による解除の場合

保険契約時に告知すべき項目を告知せずに、もしくは虚偽の告

始期
保険会社が、契約上の責任を開始する日。責任開始日や責任開始期と呼ぶこともある。原則として、申込み、告知、保険料の払い込みの3点が完了した日が責任開始期となる。

▶ 生命保険会社が定めている高度障害の一例

- ■両目の視力を永久に失った状態
- ■言語またはそしゃくの機能を永久に失った状態
- ■中枢神経系・精神または胸腹部臓器に著しい障害を残し、終身常に介護を要する状態
- ■両腕とも手関節以上で失ったか、またはその運動機能を永久に失った状態
- ■両足とも足関節以上で失ったか、またはその運動機能を永久に失った状態
- ■片腕を手関節以上で失い、かつ、片足を足関節以上で失った、または、片足の運動機能を永久に失った状態
- ■片腕の運動機能を永久に失い、かつ、片足を足関節以上で失った状態

▶ 保険金が支払われないケース

ケース1　支払事由に該当しない

〈例〉
- ●がんのみを保障する保険で、がん以外の病気で入院した場合は該当しない

ケース2　免責事由に該当する

〈例〉
- ●保険会社が契約を開始する日以前に自殺した
- ●契約者や受取人による殺人で、死亡保険金を請求した

ケース3　告知義務違反による解除

〈例〉
- ●保険を契約するときに、正しい告知をしなかった
- ●うその告知をして契約を結んだ

ケース4　重大事由による解除等

〈例〉
- ●保険金を騙し取る目的で事故を起こした

知をして保険契約を結んだ場合は、告知義務違反に関する保険金は受け取ることができません。

・重大事由による解除、詐欺による取消、不法取得目的による無効の場合

　保険金や給付金を騙し取る目的で事故を起こしたなどの場合には保険金は支払われません。

Chapter3
08

正しく告知しないと契約は取り消される
保険金が支払われない 告知義務違反

前項では、保険金が支払われるケースと支払われないケースを説明しましたが、支払わない場合の１つが告知義務違反です。告知義務の概要や告知義務違反の具体例を確認しておきましょう。

告知義務違反とは

告知義務違反とは、保険を契約する際に保険会社に告知すべき事項を告知しなかった、もしくは偽って告知することをいいます。生命保険における告知事項は、健康状態や過去の病歴、現在の職業などです。健康状態については、告知書で報告する場合と医師の診査が行われる場合があります。保険募集人に口頭で告知しただけでは告知したことにはなりません。必ず、告知書もしくは診断書の提出が必要です。

生命保険会社は、職業や健康状態、過去の病歴などから死亡リスクを考慮して、保険の引き受けや保険料を決定します。場合によっては、条件付きで保険を引き受けることもあります。

正確に告知がなされない場合、正しい保険料や保険の条件にならず、保険会社が多大な不利益を被ります。例えば、人間ドックで悪性腫瘍があると診断されているにも関わらず、告知をせずにがん保険に加入するなどのケースが告知義務違反に該当します。

告知義務違反が判明したら保険金は支払われず、保険は解除

告知義務違反が保険会社に判明した場合、保険会社は一方的に保険契約を解除できます。また、告知義務違反が判明すれば、告知義務違反に関係する保険金や給付金は支払われません。ただし、解約返戻金がある場合は、契約者に支払われます。保険契約から２年が経過して告知義務違反が判明した場合は、告知義務違反を理由とする契約の解除は不可能です。

告知義務違反が、悪質の場合は「詐欺による取消」として取り扱われ、保険契約からの経過日数に関わらず、保険契約や特約は取り消され、支払った保険料は一切戻ってきません。

告知書
生命保険会社が用意する所定の告知書に、契約者が自分で記入しなければならない。

医師の診査
保険会社が指定する医師による問診のことをいう。医師は保険会社の告知書の質問事項に従って質問を行う。

078

日本生命の2019年4月から2019年9月までの告知義務違反による解除の件数

	保険金 死亡保険金	保険金 災害保険金	保険金 高度障害保険金	保険金 その他	保険金 合計	給付金 死亡給付金	給付金 入院給付金	給付金 手術給付金	給付金 障害給付金	給付金 その他	給付金 合計	合計
支払件数	41,488	283	941	11,127	53,839	3,050	305,924	252,189	493	167,885	729,541	783,380
支払事由に非該当	1	18	387	1,463	1,869	0	1,180	22,341	53	511	24,085	25,954
免責事由に該当	121	2	0	2	125	2	113	40	0	19	174	299
告知義務違反による解除	18	0	0	1	19	0	44	47	0	5	96	115
詐欺による取消・無効	0	0	0	0	0	0	0	0	0	0	0	0
不法取得目的による無効	0	0	0	0	0	0	0	0	0	0	0	0
重大事由による解除	0	0	0	0	0	0	0	0	0	0	0	0
その他	0	0	0	0	0	0	0	0	0	0	0	0
支払い非該当件数合計	140	20	387	1,466	2,013	2	1,337	22,428	53	535	24,355	26,368

出典：日本生命保険相互会社（2020年3月末時点） （件）

ジブラルタ生命の告知書

健康状態を問う部分の抜粋。各項目の質問に「はい」か「いいえ」に○印をつけて自己申告する

過去5年以内の健康状態		過去5年以内に、下記の病気で医師の診察・検査（定期的な検査を含みます）・治療・投薬をうけたことがありますか。			
	ア	心臓・血圧の病気	狭心症・心筋こうそく・心臓弁膜症・先天性心臓病・心筋症・高血圧症・川崎病・不整脈（ペースメーカーを含みます）	はい	いいえ
	イ	脳・精神・神経の病気	脳卒中（脳出血・脳こうそく・くも膜下出血）・脳動脈硬化症・精神病・統合失調症・気分障がい（うつ病・躁うつ病）・神経症・てんかん・知的障がい・自律神経失調症・適応障がい・アルコール依存症・薬物依存症・パーキンソン病・多発性硬化症・認知症・アルツハイマー病	はい	いいえ
	ウ	肺・気管支の病気	ぜんそく・慢性気管支炎・気管支拡張症・肺気腫・肺結核	はい	いいえ

出典：ジブラルタ生命の告知書より抜粋

Chapter3 09

生命保険を正しく理解するために知っておくべき用語

押さえておきたい生命保険の専門用語

生命保険には、契約者と被保険者、保険料と保険金など似ているようでまったく意味が異なる用語が多数存在します。ここでは、生命保険を正しく理解するために必要不可欠な専門用語を解説します。

▶ **契約者**
保険会社と保険契約を契約する契約上の一切の権利と義務をもつ人をいう。

▶ **被保険者**
保険の対象となっている人。

▶ **受取人**
保険金や給付金、年金を受け取る人のことをいう。契約時に定めておく。

▶ **保険料**
契約者が保険会社に払込むお金。分割払いや一括払いなどの支払い方法がある。

▶ **契約者と被保険者と受取人の関係**

▶ **保険金**
被保険者が死亡した場合もしくは高度障害状態のとき、または満期まで生きていた場合に保険会社が支払うお金のこと。

▶ **給付金**
被保険者が入院や通院、手術をした場合や所定の疾病と診断された場合に支払われるお金のこと。

▶ **解約返戻金**
生命保険契約を解約した場合に、契約者に払戻されるお金のこと。

▶ **保険事故**
死亡や災害、高度障害や、入通院、病気などの保険金や給付金の支払いが約束されている出来事のことをいう。

▶ **保険期間**
保険の保障が続く期間。保障期間内に発生した保険事故のみ、保険会社から保険金や給付金を受け取ることができる。

▶ **積立**
配当金の受取方法の1つ。積み立てておくことで所定の利息が付く。

▶ **買増**
配当金の受取方法の1つ。一時払いの保険料として保険を買い増すことをいう。

▶ **現金払い**
配当金をその都度現金で受け取ること。

▶ **相殺**
配当金と保険料を相殺することをいう。配当金の分だけ保険料の負担が軽減される。

▶ **契約者変更**
契約者と被保険者と保険会社の同意によって、契約者を変更すること。契約者変更を行うと、契約上の一切の権利と義務が変更される。

▶ **契約者貸付**
契約者が一時的にお金が必要になったときに、解約返戻金の一定の範囲内で保険会社からお金を借りることができる制度のこと。所定の利息が発生する。

▶ **自動振替制度**
解約返戻金がある保険の場合、保険料の払込み猶予期間がすぎた契約に対して、解約返戻金の範囲内で保険会社が保険料を立替える制度。

▶ **保険料払込猶予期間**
保険料の払込期日までに保険料を支払わなかった場合も、一定期間は保険料の払込みを待つ期間のこと。

▶ **失効**
保険料払込猶予期間をすぎても保険料を支払わなかった場合に、保険契約が効力を失うこと。

▶ **復活**
失効した保険契約でも、保険会社が定める期間内に保険料を払込めば契約をもとに戻せること。

 ONE POINT

保険料をどのくらい支払っている？

　数多くの種類があり、自分のライフスタイルに合わせた保険を選べる今、まわりの人たちが年間どのくらいの保険料を支払っているのかが気になりませんか？　公益社団法人生命保険センターの調査によると、2018年の年間払込保険料の全体の平均は38.2万円です。調査は3年ごとに行われており、2006年の年間払込保険料の平均は52.6万円と毎年減少している傾向が続いています。

Chapter3 10

2020年以降の動きを予測

生命保険業界再編の動き

明治期から現在に至るまで、生命保険会社は倒産や合併を繰り返しています。ただ、3メガ損保体制が確立した損保業界とは異なり、まだまだ多数の生命保険会社が存在しています。生保業界再編の今後の動きを解説します。

海外進出するもそれだけでは不足

国内の生命保険市場は、少子高齢化により先細りが確実とされています。そのため、生命保険会社各社は海外市場への進出のために、海外の保険会社を買収、業務提携するなどして海外進出を果たしてきました。アメリカやオーストラリアなどの成熟した市場だけでなく、今後の成長が見込めるインドネシアやミャンマーなどの東南アジアなどへの進出も加速しています。

しかし、世界に進出すると、その先にはさらに巨大なガリバー企業が鎮座しており、日系企業はさらなる躍進が求められます。

国内大手生保3社の主な変遷図

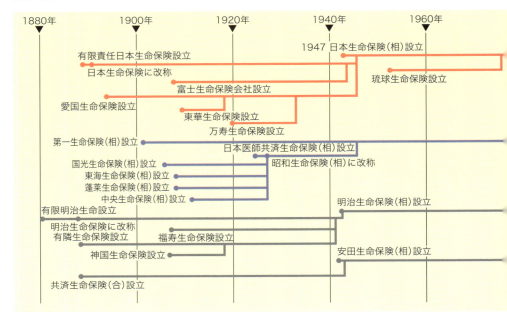

そこで、巨大企業に立ち向かうために、「生命保険と損害保険の枠を超えた業界再編」の必要性が近年論じられています。3メガ体制が確立した損保業界は盤石であるといわれています。しかし、ライバルとなる世界のトップを走る保険会社は生命保険も損害保険も取り扱う総合保険会社です。こうした保険業界を取り巻く環境のなかで、国内でも生保損保を超えた業界再編が行われるという声が上がり始めているのです。

業界再編に対応するため第一生命は持ち株会社化

生命保険業界では、長らく大きな業界再編は行われていませんが、個々の保険会社同士では吸収や合併、グループ傘下に入るなどの動きは出ています。国内大手生命保険会社の多くが相互会社ですが、第一生命は2010年に持ち株会社体制に移行しました。

また国内大手生命保険の住友生命は、2009年に新たにメディケア生命を、日本生命は2018年にはなさく生命と、これまでと販路などが異なる保険会社をグループ会社として設立しています。このように各社さまざまな戦略を立てて対応を始めています。

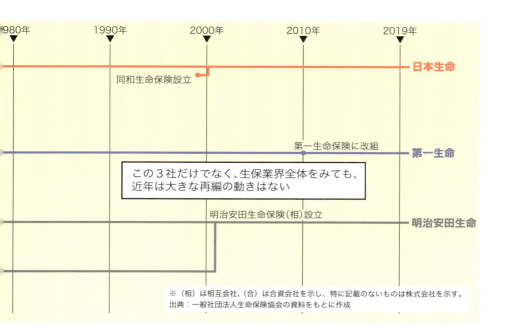

COLUMN 3

増加するがん罹患率とがん保険

増加するがん罹患率と、減少するがんでの死亡者数

　国立がん研究センターによると、2017年のがん死亡者数は37万3,334人です。がんは日本人の死因の27.8%を占めており、1981年以降死因順位1位という状態が継続しています。約3.6人に1人ががんで死亡しているという数字から、誰もががんになるリスクを抱えているといえるでしょう。

　このように、がんに罹患する確率は高いものの、治療すれば生存できる可能性も高まってきています。例えば、2009年から2010年のがん全体の5年生存率は58.6%です。つまり、がんと診断されても、半分以上の人が治療によって生存していることがわかります。

アメリカからもたらされた保険

　がん保険を日本で初めて販売したのは、アフラックでした。

　そもそもアフラックは1955年に、アメリカで創業者であるエイモス家の3兄弟が設立した会社です。1958年に世界で初めてがん保険を開発し、その後、3兄弟の父親ががんで死亡したことでがん保険の重要性を再認識し、がん保険を中心商品として発展してきました。

　1970年、アフラックは日本でがん保険を販売するための取り組みを開始します。しかし、当時は「がん＝不治の病」という認識が強く、アフラックと提携する生命保険会社はゼロでした。それでもアフラックは粘り強く取り組みを続け、1974年に大蔵省から事業免許を取得して、自社でがん保険を販売することにしたのです。がんの治療による経済的悲劇から多くの人々を救いたいという3兄弟の思いが、日本にがん保険をもたらしました。

　現在は、がんの生存率の伸びに従い、がん保険は各保険会社で販売されています。入院だけでなく通院治療に対応した保険、あるいは、先進医療に対して給付金が支払われる保険など「がん治療に万全を尽くせる保険」が増え、がんとともに生きる人々の生活を支えているのです。

第4章

生命保険会社の
ビジネスのしくみ

多くの加入者から保険料を集める生命保険会社には、
健全な運営が求められます。そのため、会社の持続的
な発展を支える多くのしくみが構築されてきました。
第4章では生命保険会社のビジネスモデルと取り扱っ
ている主な保険の特徴について説明します。

> 生命保険会社は何から利益を得ているのか

Chapter4
01

生命保険会社の利益の構造

生命保険会社の利益は三利源といわれる死差益、利差益、費差益の3つから生み出されています。ここでは、生命保険会社の利益構造とその内訳を確認しておきましょう。

生命保険会社の三利源

　生命保険会社の収入のうち最も大きな割合を占めるのが保険料収入です。国内生命保険会社41社の総収入のうち72.7％が保険料収入でした。次いで多いのが、資産運用収益です。一方、支出で最も多いのが保険金などの支払いで63.3％に上ります。収入保険料から、支払った保険金や事業費などを差し引いた金額が生命保険会社の利益となります。

　生命保険会社の利益を生み出しているのは、死差益、利差益、費差益という3つの利益でこれを三利源といいます。

　死差益とは予定死亡率で見込んだ死者数よりも実際の死者数が少なかった場合に生じる利益です。利差益とは予定利率によって見込んだ運用収益よりも多い収益が得られたときに生じる利益のことをいいます。費差益とは予定事業費よりも実際にかかった事業費が低いときに生じる利益です。

生命保険会社は資産運用からも大きな利益を出している

保険業法
保険会社を監督し、契約者を保護する法律。所管官庁は金融庁。

一般勘定資産
保険会社が契約者から預かった保険料を資産運用するための勘定の1つ。元本と予定利率が保証される、定額保険などを運用するためのもの。

　生命保険会社は、契約者から集めた保険料を株式投資や不動産投資、貸付けなどで運用しています。運用方法については、保険業法や保険業法施行規則で細かく規定されています。国内株式、外貨建て資産はそれぞれ一般勘定資産の30％まで、不動産資産は一般勘定資産の20％までとなっています。

　生命保険会社の資産構成は、有価証券が8割を超えています。有価証券のうち4割以上が国債で3割が外国証券です。このように生命保険会社の資産は、安全性、有益性、流動性の原則に基づいて運用するために、リスクを分散し安全かつ安定的に運用できる体制がとられています。

086

2018年度の国内生命保険会社41社の損益計算書

科　　目		構成比（％）	前年対比（％）
経常収益	48,523,704	100.0	102.7
保険料等収入	35,254,255	72.7	104.4
資産運用収益	9,176,476	18.9	97.0
その他の経常収益	150,675	0.3	116.2
経常費用	45,507,217	100.0	102.6
保険金等支払金	28,786,703	63.3	99.5
責任準備金等繰入額	8,312,228	18.3	123.1
資産運用費用	2,136,182	4.7	83.5

※損益計算書は2018年4月〜2019年3月までのもの。科目の単位は百万円。
出典：一般社団法人生命保険協会「生命保険の動向」より作成

生命保険会社の三利源

死差益
予定利率で見込んだ死者数よりも、実際の死者数が少なかった場合に生じる利益

利差益
予定利率によって見込んだ運用収益よりも、多い収益が得られたときに生じる利益

費差益
予定事業費よりも、実際にかかった事業費が低いときに生じる利益

生命保険会社の資産構成

（％）

	現金及び預貯金	コールローン	金銭の信託	有価証券	貸付金	有形固定資産	その他
2014年度	1.5	1.0	0.9	81.5	10.0	1.7	3.3
2015年度	2.0	0.3	1.0	81.8	9.5	1.7	3.5
2016年度	2.0	0.3	1.2	82.5	9.1	1.6	3.3
2017年度	2.1	0.4	1.5	82.3	8.6	1.6	3.5
2018年度	2.3	0.4	1.6	82.6	8.2	1.6	3.3

出典：一般社団法人生命保険協会「2019年版生命保険の動向」より作成

資産別の構成比では、有価証券が80％を超えている。有価証券の内訳は、国債、外国証券、社債など

第4章　生命保険会社のビジネスのしくみ

保険金の支払われ方によって分類

生命保険契約の基本

生命保険には多種多様な商品があり、理解しにくい印象を受けますが、実は大きく3つに分類できます。ここでは、保険金の支払われ方によって生命保険をわかりやすく分類してみましょう。

死亡保険

被保険者が死亡した際に保険金が支払われる保険が死亡保険です。死亡保険には、定期保険と終身保険、定期保険特約付終身保険などがあります。定期保険は保険期間が定められており、その期間内に死亡した場合に保険金を受け取れます。一般的に解約返戻金がないか少ないため、掛け捨てタイプと呼ばれることもあります。

終身保険は、死亡するまで保障が続きますので、必ず保険金を受け取ることができます。また解約すれば解約返戻金も受け取り可能です。その代わり、保険料は割高になっています。

定期保険特約付終身保険は、終身保険に定期保険特約を組み合わせた保険です。

生存保険と生死混合保険

生存保険とは存命中に保険金を受け取ることができる保険です。個人年金保険や貯蓄保険が代表的な生存保険です。生死混合保険とは、死亡した場合の保障と老後の蓄えなどを組み合わせた保険です。養老保険や定期保険特約付養老保険がこれに当たります。

細かいニーズは特約でカバー

生命保険は主契約に特約を付けることでさらに保障を手厚くできます。

例えば、三大疾病特約や収入保障特約、入院給付特約など、第三分野の保険の保障内容を特約として付けることができます。死亡保険であっても、治療に必要な特約を付けることでさまざまなリスクに対応できるようになります。

主契約
それだけで保険契約が成立する保険のこと。終身保険や定期保険などが主契約となる。

特約
主契約に付加できるオプション契約のこと。特約だけの加入はできない。

保険の分類

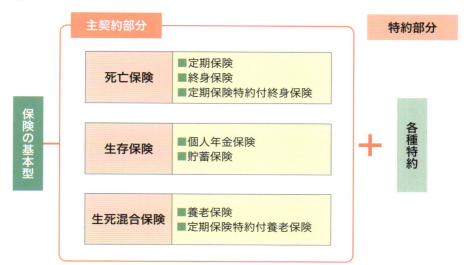

定期保険は一般的に解約返戻金がないか少ないので、掛け捨てタイプとも呼ばれます。終身保険は解約返戻金を受け取れるかわりに、保険料は割高になります。

代表的な特約は次のようになります。

- 疾病入院特約
- 収入保障特約
- 災害割増特約
- 傷害特約
- 定期保険特約
- 特定疾病特約

死亡保険などの主契約に特約を付けておけば、医療保険やがん保険などに別途加入する必要がなくなる場合もあります。

 ONE POINT

特約の条件や制約

特約は、自分が必要な保障をプラスできるので便利です。また、保険期間や受け取りの回数を選べる特約もあります。例えば死亡あるいは高度障害になったときに保険金を年金形式で受け取れる収入保障特約は、受け取る年金の回数が決まっているタイプと、契約のときに満期を決めて受け取れるタイプがあります。

通常配当と特別配当の違い

剰余金が還元される配当金のしくみ

生命保険には、剰余金が発生した場合に、契約者に剰余金を分配する「配当」というしくみがあり、そのお金を配当金といいます。ここでは、剰余金が発生するしくみや配当金の種類を確認しておきましょう。

剰余金が発生するしくみ

3つの予定基礎率
予定死亡率と予定利率、予定事業費率のこと。

生命保険は**3つの予定基礎率**をもとに保険料を算出しています。しかし、予定と実際にかかった費用とは差が生じる場合があります。保険会社が受け取った保険料よりも、かかった費用が少なかった場合に剰余金が発生します。剰余金が発生するのは、死差益、利差益、費差益の三利源が生じた場合です。

すべての保険で、配当金が受け取れるわけではありません。配当金がない保険を無配当保険といいます。そして、三利源から配当を支払う保険を有配当保険、利差益のみから配当を支払う保険を準有配当保険といいます。

基本的には、有配当保険、準有配当保険、無配当保険の順に保険料は高額になります。

通常配当と特別配当

配当には通常配当と特別配当の2種類があります。

決算
各生命保険会社の決算は3月31日に統一されている。

通常配当とは、毎年の決算後に生じた余剰金を契約者に還元分配するもので、普通配当ともいいます。ほとんどの保険会社では契約後3年目から支払われますが、3年おき、5年おきなど、あらかじめ保険会社で定められている間隔で支払われるものもあります。

特別配当は長期継続契約に対して支払われる配当で、「長期継続特別配当」と「消滅時特別配当」があります。このうち、長期継続特別配当は、例えば10年など一定期間以上に契約が継続した場合に還元分配されます。

一方の消滅時特別配当は死亡や満期などで保険契約が消滅されるときに支払われます。

保険の配当金のしくみ

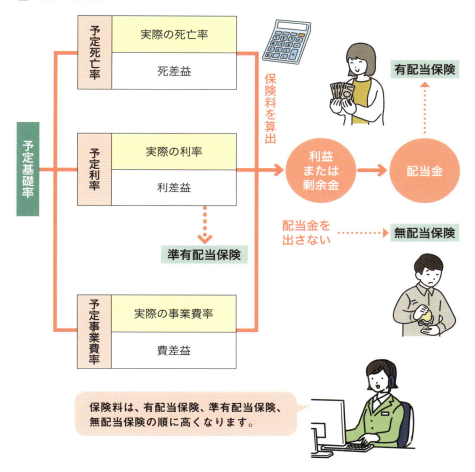

配当金と税金

生命保険の配当金は原則として保険期間中であれば課税対象とはなりません。しかし、保険金の支払い開始日以降に支払われた配当金は、雑所得や一時所得として扱われるため、所得税の課税対象となります。

また、課税対象とならない場合でも、生命保険料控除を申請する場合は、支払保険料から配当金額を差し引いて申請しなければなりません。

Chapter4
04

保険金を確実に支払うために用意

責任準備金と解約返戻金

生命保険会社は、保険金の支払いなどを確実に遂行するために、保険料や運用収益などを積み立てる「責任準備金」を用意しておくことが義務付けられています。ここでは、責任準備金と積立方法について解説していきます。

標準責任準備金制度に基づいて積み立てられる責任準備金

　責任準備金は、生命保険会社が不確定な要素の多い将来の保険金支払いを確実に行うために積み立てが義務付けられているお金です。ですから、次ページの表のように多額の責任準備金が用意されています。責任準備金の積立水準は、日本アクチュアリー会が作成し、金融庁長官が検証した予定死亡率、国債の利回りを基準にした予定利率を利用して算定されています。

　終身保険などの解約返戻金は、責任準備金のなかから支払われます。契約から10年以内に解約する場合は、募集にかかる費用や解約の事務費などを控除した金額が解約返戻金として支払われます。

2種類の積立方法

　責任準備金の積立方法には、平準純保険料式とチルメル式の2種類があります。

　平準純保険料式とは、事業費が保険料払込期間は一定であると想定している計算方式です。本来事業費には、営業職員や代理店への報酬、証券の作成費用や医師への診査手数料などが含まれているため、契約初年度は多額になります。しかし、これを一定と想定して計算しているのが平準純保険料式です。

　それに対して、チルメル式は初年度の事業費を厚くして初年度から一定期間で償却すると想定している計算方式です。どちらの場合も、最終的には責任準備金の額は一致します。

　日本では、基本的には平準純保険料式で責任準備金を積み立てていますが、新設会社で保有契約に対する新規契約の割合が高い場合は、チルメル式での積み立ても認められています。

日本アクチュアリー会
1899年に創立されたアクチュアリー学の研究や育成、資格試験の実施などを行う団体。保険数理の専門家の養成や、責任準備金の計算基礎に利用される死亡率などの算定を行っている。

予定利率
保険会社が資産運用によって得られると見込んでいる利率。

解約返戻金
終身保険などで、解約した際に支払われるお金。払込んだ保険料よりも少ないことがある。

▶ 国内生命保険会社41社の責任準備金

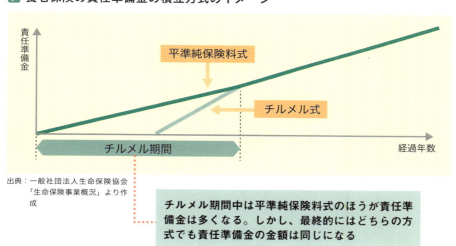

保険会社にとって、責任準備金は大きな割合を占めている

▶ 養老保険の責任準備金の積立方式のイメージ

チルメル期間中は平準純保険料式のほうが責任準備金は多くなる。しかし、最終的にはどちらの方式でも責任準備金の金額は同じになる

👉 ONE POINT

「チルメル式」と呼ばれる理由とは

責任準備金の積立方法の1つが「チルメル式」と呼ばれる理由は、これを考案したのがドイツのアクチュアリー・チルメル（1831-1893）という数学者だったからです。チルメルは1863（明治4）年にこの方式を考え出しました。契約者に保険金を安定して支払うために大切な責任準備金の積み立ては、彼が考えた方法によって、さらに健全性を追求できるようになったのです。

Chapter4
05

保険会社の経営状態を圧迫した逆ザヤ

逆ザヤの構造とその解消

生命保険会社は責任準備金を運用し、その予定利率などによって保険料を決定しています。予定利率よりも実際の運用利率が低くなると、保険会社が差額を負担しなければなりません。これを「逆ザヤ」といいます。

なぜ逆ザヤが発生したのか

生命保険会社は、予定死亡率や予定利率、予定事業費率などによって保険料を算定しています。このうち逆ザヤに関係しているのが予定利率です。予定利率によって見込まれていた運用収益よりも実際の運用収益が多いことを順ザヤ、少ないこと逆ザヤといいます。

逆ザヤ
株式取引でも逆ザヤという言葉は使われる。株式取引の場合は、買値よりも売値や現在の価格が低いときに逆ザヤという。

予定利率が高ければ、契約者から徴収する保険料は少なくなるので、バブル期には各生命保険会社は集客のために予定利率を高めに設定していました。バブルが崩壊して超低金利時代が到来し、バブル期の保険の多くが逆ザヤの状態となってしまいました。

2013年にようやく解消された逆ザヤ

予定利率よりも、実際の運用利率が低い逆ザヤでは、保険会社が他の利益から差額を補てんしなければなりません。このことが、保険会社の経営状態を長らく圧迫し続けていました。国内系の生命保険会社の逆ザヤの累計は2000年以降だけでも9兆円を超えていましたが、市場の好転により大手生命保険会社では2013年に逆ザヤが解消されています。

予定利率0%時代へ？

生命保険会社の予定利率は、標準利率という金融庁が定める利率に準じて決められています。標準利率は市場の動向などを考慮して決められており、2017年には1％から0.25％に引き下げられるなど下落傾向にあります。標準利率と予定利率は一般的に連動しており、予定利率が引き下げられれば保険料が上がるため、保険会社にとっても契約者にとっても頭が痛い問題です。

094

順ザヤと逆ザヤの比較

標準利率の推移

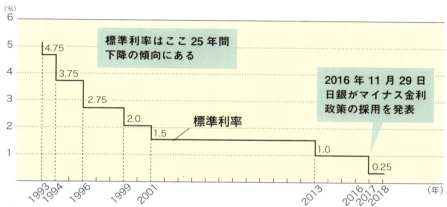

出典：一般社団法人生命保険協会

標準利率と予定利率は連動しています。予定利率が引き下げられると保険料が上がります。

👍 ONE POINT
超低金利時代では、保険会社も銀行も資金を集めにくい

保険会社は契約者から保険料を預かり、それをもとに会社を運営したり、契約者への保険金の支払いにあてたりしています。銀行も保険会社と同様、預金者から預かったお金を融資するなどして運営しているので、保険会社も銀行も利率が下がれば大きな影響を受けます。

為替の変動によるリスクに注意が必要

外貨建て保険のしくみ

現在は、さまざまな外貨建て金融商品が販売されています。生命保険でも、保険料の払込みや保険金の受け取りを外貨で行う外貨建て保険が存在します。ここでは、外貨建て保険のしくみやメリットなどを確認しておきましょう。

外貨建て保険のしくみ

外貨建て保険は、保険料の払込みや解約返戻金・保険金の受け取りを外貨で行う保険で、終身保険・養老保険・個人年金保険などの種類があります。一般的には、日本円建ての保険よりも予定利率が高く設定されているため、支払う保険料が低くなり、生命保険にコストパフォーマンスを求める契約者からの支持を集めています。しかし、==外貨建て保険は為替変動リスクを有しています==ので、日本円建ての生命保険と比較すると安全な商品とはいえません。ドル建て保険では、加入時よりも円高ドル安が進めば、為替差損が発生してしまいます。逆に、円安ドル高の局面では為替差益が発生しますのでチャンスともいえます。

外貨建て保険では、支払う保険料も受け取る保険金も外貨ベースで計算されますので、為替の変動によって毎月の支払保険料が変動します。

銀行の窓口で販売されることが多く苦情が多発

外貨建て保険の多くは、**銀行の窓口で販売**されています。外貨建て保険は、予定利率が高く保険料が安いことから募集しやすい保険ですが、リスクも存在します。そのリスクを説明しないままに外貨建て保険を販売した結果、契約者から多くの苦情が寄せられていることがわかりました。2018年度の、外貨建て保険に関する苦情は2,543件と、前年比で34.6％も増加しています。

苦情の内訳は、「元本割れの可能性を十分に説明していなかった」とするものが7割を超えているとのことです。苦情の多くは、60歳以上の高齢者が占めており、金融商品への理解度の低さや強引な営業活動が原因とされています。

銀行の窓口販売
2007年12月に保険商品の銀行の窓口での販売が全面的に解禁され、銀行で生命保険が販売できるようになった。銀行の窓口での販売割合は年々増加しているが、トラブルも多発している。

▶ ドル建て終身保険のイメージ図

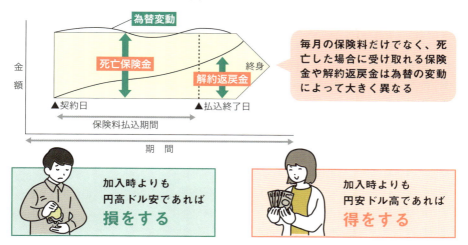

▶ 外貨建て保険・年金に関する苦情件数

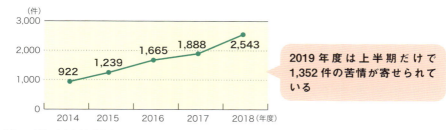

2019年度は上半期だけで1,352件の苦情が寄せられている

出典：一般社団法人生命保険協会のデータをもとに作成

👉 ONE POINT

外貨建て保険で受け取る保険金のシミュレーションの例

外貨建て保険は為替の変動によって、毎月の保険料や満期時に受け取る保険金が変わります。ここ20年の変動を調べてみると、1ドルが70円台から140円台と大きな振れ幅があります。では、満期時の保険金を10万ドルと仮定して、実際にいくらになるか、計算してみましょう。
1ドル＝70円の場合→700万円
1ドル＝140円の場合→1,400万円
満期時の為替レートによって、受け取る金額がこのように変わることがあるのです。加入に際してはこうした為替リスクなどをよく確認することが求められます。

Chapter4 07

解約返戻金は少ないが、少額の保険料で保障は充実

保険の種類①
掛け捨てが基本「定期保険」

「掛け捨て保険」と呼ばれているのが「定期保険」です。定期保険は、解約返戻金がゼロもしくは少ない代わりに安い保険料でも十分な保障を受けることができる保険です。定期保険のしくみやメリットを確認しておきましょう。

定期保険は、掛け捨てで保険期間は一定

　定期保険は、「掛け捨て」と呼ばれる保険です。解約返戻金が存在するものもありますが少額で、途中で解約しても保険料は全額は戻りません。また、満期保険金も存在しません。定期保険の保険期間は契約時に定めた一定期間のみとなっており、死亡するまで保障を受けることはできません。その代わり保険料が割安なため、今でも一定の人気を誇っています。2018年3月末の時点で、国内41社の生命保険会社が有する契約のうち13.7%が定期保険でした。「掛け捨て」という言葉から敬遠されているイメージがありますが、実は根強く支持されている保険です。

定期保険は3種類

　定期保険は、保険金額や保険料などによって3つの種類に分けられます。どの定期保険も、契約期間が長期になると保険料も高くなります。

・平準定期保険
　保険期間中の保険金額や保険料が一定の定期保険です。
・逓増(ていぞう)定期保険
　保険期間が経過すると保険金額が増加しますが、保険料は一定で増加しません。逓増定期保険は節税効果があるとされたことから、法人契約として利用されました（実際には納税の先送り）。
・逓減(ていげん)定期保険
　逓減定期保険は、保険期間が経過すると保険金額が減少する保険です。保険料は一定で減少しません。「若いときは大きな保障が必要だけど歳をとったら小さな保障がよい」などの希望があるケースで利用されています。

逓増定期保険と節税
逓増定期保険は、支払った保険料すべてを損金扱いにできるため、利益を減らせることができ、節税効果が高いとされていた。しかし2019年2月に国税庁がルール変更を通達し、販売停止が相次いだ。

保険契約件数の内訳

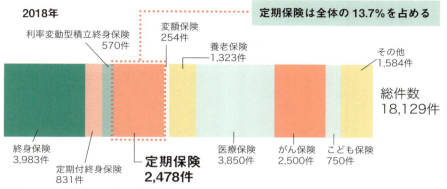

定期保険の3種類

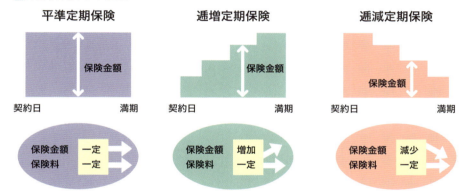

ONE POINT

自動更新で保険料が高くなる

定期保険は「10年満期」など契約期間が決められており、満期がくると保険契約は終了します。ところが、契約約款には「保険期間満了日の2週間前までに申し出ない限り自動的に更新される」と書かれていることが多いのです。つまり、「保険の更新はしません」と意思表示しない限り、契約は自動的に更新されます。しかし、更新後の保険料は更新時の年齢で設定されるため、更新するたびに保険料は高くなります。「今月から保険料が急に高くなった」と驚くことがないように注意しましょう。

生死に関わらず、保険金の受け取りが可能

保険の種類②
貯蓄性が高い「養老保険」

養老保険は、死亡した場合は死亡保険金、死亡せずに満期を迎えた場合は満期保険金を受け取ることができる貯蓄性が高い生死混合保険です。ここでは、養老保険の概要を確認しておきましょう。

養老保険のしくみ

養老保険
養老保険は、解約返戻金が他の保険よりも高くなる場合が多く、中途で解約した際のロスが少ない。

養老保険は、死亡しても生きていても保険金を受け取れるうえに、保険によっては配当金も受け取れることから、貯蓄性が高い保険の1つです。万が一に備えながら資産を形成できるため、貯金代わりに加入することが少なくありません。養老保険の保険期間は10年から30年など自由に設定できます。

保障が大きく、貯蓄もできることからメリットが多い養老保険ですが、保険料が高額になるというデメリットがあります。

無配当型養老保険
配当がまったくない養老保険のこと。配当があるタイプよりも保険料が割安になる。

例えば、ソニー生命の**無配当型養老保険**では、35歳で契約し、60歳満期で保険金額が1,000万円の場合、月払い保険料は男性で3万4,130円、女性で3万3,680円です。男性の総払込保険料は25年間で1,023万9,000円となります（2019年11月2日現在）。

貯蓄タイプの保険は預金のように簡単にお金を引き出せません。解約の手続きなどが必要だからです。支払った保険料がどのくらい増えるかにもよりますが、お金があると使ってしまう人は、お金を引き出しにくいという保険のしくみを利用して、お金を貯める方法として使うことがありました。

予定利率の引き下げで魅力が薄れた養老保険

バブル期などに高い予定利率で募集されていた養老保険は、お宝保険と呼ばれていました。現在は予定利率が引き下げられてしまい、資産運用商品としての魅力は薄れてしまいました。

保険料の高さから、若年層からよりもシニア層に人気があり、2018年3月末現在の国内の生命保険会社の保有する養老保険の60歳以上の契約者は21万6,592件で、その割合は全体の20.1%を占めています。

▶ 養老保険の形態

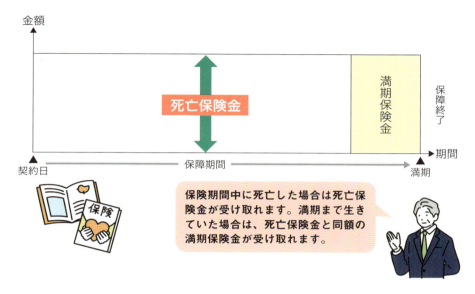

保険期間中に死亡した場合は死亡保険金が受け取れます。満期まで生きていた場合は、死亡保険金と同額の満期保険金が受け取れます。

▶ 養老保険の契約者の年齢層

年齢層	件　数	構成比	前年対比	金　額	構成比	前年対比
（歳）	（件）	（％）	（％）	（百万円）	（％）	（％）
0〜9	32,190	3.0	99.6	50,274	1.2	99.1
10〜19	118,596	11.0	100.0	426,561	10.3	101.5
20〜29	188,396	17.5	104.0	833,466	20.2	105.5
30〜39	183,675	17.0	101.9	845,581	20.5	102.3
40〜49	197.595	18.3	102.3	853,247	20.7	101.9
50〜59	141,287	13.1	105.3	531,341	12.9	105.0
60〜	216,592	20.1	103.7	586,916	14.2	123.0
合計	1,078,331	100.0	102.9	4,127,386	100.0	105.6

出典：一般社団法人生命保険協会のデータをもとに作成

契約者の割合は、「60歳以上」が20.1％と高く、シニア層に人気があることがわかる

保障は一生涯続く

Chapter4 09
保険の種類③
遺族保障に優れた「終身保険」

終身保険は、生涯保障が続き、遺族が保障を受けられる保険です。死亡保険、生死混合保険のなかで最も契約件数が多く、2019年3月末現在の契約件数は3,983万8,974件と個人保険全体の22％を占めています。

終身保険のしくみ

　終身保険は、保険期間が一生涯続く保険です。定期保険とは異なり保険料は掛け捨てではありません。また、中途で解約しても解約返戻金の受け取りが可能です。ただし解約返戻金は、支払った保険料よりも少ない額になることがあるので注意が必要です。終身保険には満期がないため満期保険金は存在しません。

　保障が生涯続くこと、解約返戻金があることから保険料は定期保険よりも高額になります。終身保険の保険料は、死亡するまで支払い続ける終身払込タイプと、一定期間で完了する有期払込タイプがあります。有期払込タイプの場合、保険料払込が満了した時点で、保険会社が定める範囲でライフプランに合わせて保障内容を変更できることもあります。

終身払込
保険料を一生涯払い続けること。保険料は加入時から変更されないが、保障を続ける限り払い続ける。

定期保険特約付終身保険

　終身保険を主契約として定期保険特約をつける、定期保険特約付終身保険という終身保険もあります。終身保険は保険料が高いことから、必要な保障をすべて終身保険でまかなうことは経済的に難しいというケースが少なくありません。定期保険特約は、終身保険のうち一定期間、保障金額を上乗せすることができます。

　定期保険特約付終身保険には、保険期間によって、全期型と更新型に分類されます。全期型は、保険料が全期間一定で、トータルの保険料は安くなります。更新型は、その都度保険料を更新していきますので、更新ごとに保険料が高くなりトータルでの保険料は高額になります。なお以前は国内生命保険会社のメイン商品でしたが、加入時の説明不足によるトラブルなどもあり、今は主力商品ではなくなっています。

▶ 終身保険の特徴

- 保障は一生涯続く
- 解約返戻金がある
- 満期保険金はない
- 保険料は定期保険よりも高額

掛け捨てではないので、まとまったお金が必要なときの資金源になる

▶ 終身保険の保険料の2つのタイプ

終身払込タイプ	→	保険料の払込は一生涯
有期払込タイプ	→	保険料の払込は一定期間で完了する

完了した時点でライフプランに合わせて保障内容を変更できることもある

▶ 終身保険の形態

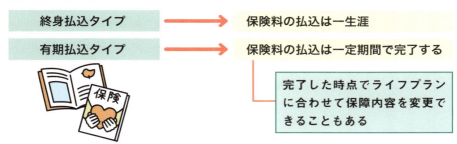

定期保険は満期に確認しないと自動更新され、保険料が高くなります。しかし、終身保険には満期がないので更新する必要がなく、保険料は変わりません。

▶ 定期保険特約付終身保険の更新型と全期型の違い

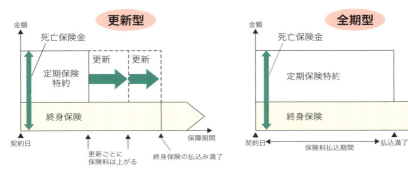

第4章 生命保険会社のビジネスのしくみ

Chapter4
10

払い込んだ保険料を年金として受け取れる

保険の種類④　公的年金を補完する「個人年金保険」

平均寿命が延びていくことが想定されるなかで、老後資金の準備を考える人が増えています。個人年金保険とはどのような保険で、どのような種類があるのでしょうか。ここでは個人年金保険の概要や種類を解説します。

個人年金保険とは

個人年金保険は、契約時に決めておいた一定の年齢から年金を受け取ることができる保険です。万が一、年金開始前に死亡した場合は、払い込んだ保険料相当額の死亡給付金が支払われます。

支払われる年金は、基本年金と増額年金、増加年金の3つの部分に分かれています。

基本年金は、保険料を原資として契約によって支払いが保証されている年金です。増額年金は、年金受け取り開始前の積立配当金を原資としている部分です。増加年金は、年金受け取り開始後の配当金が原資となっています。

積立配当金
配当金の受け取り方法を積み立てにしている場合は、保険会社が積立配当金として預かる。個人年金の場合は、年金支給開始前の配当金は積立配当金として積み立てられて、支給開始後に増額年金として支払われる。

支給方法によって分類される個人年金保険の種類

個人年金保険は、受け取り方により次の6つの種類に分類されます。

生存している間年金を受け取り可能なのが終身年金です。

保証期間付終身年金は保証期間中は生死に関係なく年金を受け取れ、保証期間後は生きている場合のみ年金を受け取ることができます。

有期年金は生存している間の一定期間のみ年金を受け取ることができ、その期間に死亡したら支給は打ち切られます。

保証期間付有期年金は保証期間中であれば生死に関係なく年金を受け取れますが、保証期間後は生きている場合のみ年金を受け取ることができます。

生死に関係なく年金を受け取れるのが確定年金で、夫婦年金は、夫婦いずれかが生存していれば、年金を受け取り続けることができます。

104

▶ 終身個人年金保険の形態の例

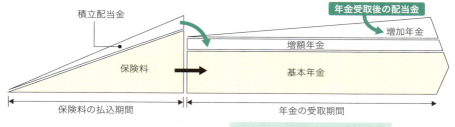

▶ 老後の生活に対する不安の内容

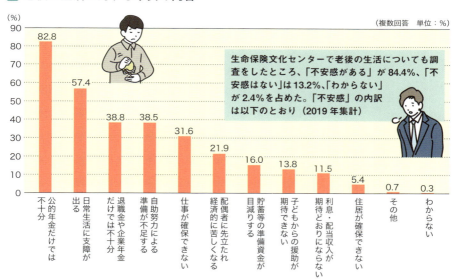

出典：公益財団法人生命保険文化センター「令和元年度生活保障に関する調査」をもとに作成

📍 運用成果により年金や解約返戻金が変動する変動個人年金保険

　変額個人年金保険とは、保険会社が債権や株式などで保険料を運用し、その運用成果によって受け取る年金や解約返戻金が変動する個人年金保険です。変額保険は年金支給前に死亡した場合は、死亡給付金を受け取ることができ、給付金額は最低保証が設定されていることがほとんどです。

Chapter4

11

時代のニーズに合わせて次々と新商品を開発

保険の種類⑤
まだまだある「その他の生命保険」

生命保険は、時代の変化によって移り変わるニーズに応えてさまざまな商品が販売されてきました。子どもの教育資金を貯めることを目的とした学資保険や貯蓄性が高い財形保険、引受基準緩和型保険、特約組立型保険などです。

資産形成に特化した貯蓄保険

貯蓄保険とはその名の通り、貯蓄を目的とした保険です。子どもの誕生時に契約することが多い学資保険や、会社の福利厚生の一環として用意されている財形保険が代表的な貯蓄保険です。

学資保険は、毎月一定の保険料を支払い、子どもの入学などの節目で祝い金や満期で満期保険金が受け取れるものです。ただし、節目の祝い金がなく満期で一括して満期保険金を受け取れるものもあります。また、契約者である親などが死亡した場合は、以後の保険料の払込みが免除されて育英年金が受け取れるなどのメリットがあります。デメリットとしては、中途で解約すると解約返戻金は支払った保険料を下回ることが挙げられます。

財形保険は、勤労者が財産形成を目的として貯蓄を行い、事業主や国がサポートする保険です。財産を形成するためのもの、年金として積み立てるもの、住宅購入などのための資金を貯めるものの3種類があります。

財形保険

財産を形成するための「財形貯蓄積立保険」、年金積立のための「財形年金積立保険」、住宅購入のための「財形住宅貯蓄積立保険」がある。

育英年金

契約者が死亡した場合などに、学資保険が満期になるまでの間、受け取れる年金のこと。

持病のある人向けの引受基準緩和型保険

引受基準緩和型保険とは、保険引受条件が緩和されている保険のことをいいます。通常、生命保険は過去の病歴や現在の健康状態によって保険引受を断ったり、条件を付けたりします。持病がある人や過去に大きな病気をした人は、その病気については保険で保障されません。

しかし、引受基準緩和型保険は保険料を割高にして、健康状態の告知項目を簡素化することで、通常は生命保険の契約が難しい人でも契約しやすくなりました。引受基準緩和型保険は医療保険と終身保険などがあります。例えば引受基準緩和型保険の終身保

▶ 特約組立型保険の考え方

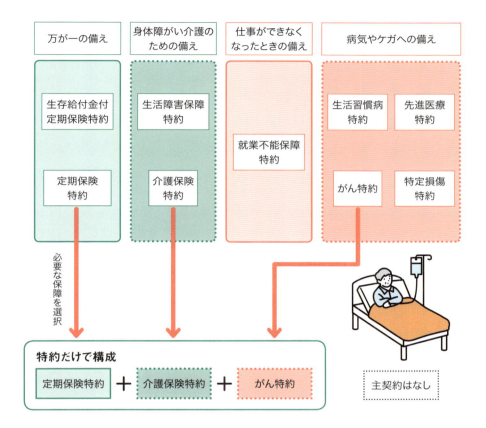

　険では、契約してから一定の期間に病気で死亡した場合は、一定期間は保険金が削減されることがありますが、その期間を経過した後に死亡すれば保険金額の満額を受け取ることができます。

　引受基準緩和型保険は、生命保険の契約が難しい持病のある人や高齢者を中心にニーズのある保険です。

特約組立型保険

　特約組立型保険は、主契約が存在せず特約だけで構成可能な保険です。医療保険や**就業不能保険**、介護保険などの特約のみを組み立てることで、無駄なく必要な保障を選ぶことができます。

就業不能保険
病気やケガによって、長時間働けなくなった際に収入が保障される保険のこと。毎月の給与のように給付金を受け取ることができる。

第4章　生命保険会社のビジネスのしくみ

107

Chapter4

12

入院や通院の際の出費を補う

保険の種類⑥
病気に備える「医療保険」

終身保険や定期保険に代わって契約件数を伸ばしているのが医療保険です。医療保険の契約件数は、2019年3月末現在、3,850万9,035件と終身保険の3,983万8,974件に肉薄しています。

入院や通院の出費に備える医療保険

医療保険は病気などで入院や手術、通院した際に給付金が支払われる保険です。契約時に給付金額が定められており、それに従って給付金が支払われます。商品によっては「5日以上の入院から支払う」や、「1入院（1回の入院）の支払限度日数が60日や120日」などと決められています。

健康保険には、月々の医療費が一定額を超えると超えた金額が全額支給される**高額療養費制度**がありますので、医療保険は不要と考える向きもあります。しかし、高額療養費制度の支給対象とならない差額ベッド代や、食事代、入院したことによって増加した出費や、収入減については個人で備えておかなければなりません。医療保険は、これらのリスクに備えることができる保険です。高齢化が進み、死亡することより生きることがリスクとなってしまう現代社会においては、これからもニーズが高まると考えられています。

高額療養費制度
1ヶ月の医療費が、一定額を超えると超えた分は健康保険から後日支給される制度。所得によって自己負担額の上限が増減する。

3種類の医療保険

医療保険は、保険料の払込期間や、契約期間などによって、終身型医療保険、全期型医療保険、更新型医療保険の3種類に分類されています。

・終身型医療保険

保障が生涯続くタイプの医療保険です。保険料の支払いも生涯続く終身払いタイプと一定期間で終了する有期払いの2種類があります。

・全期型医療保険

保障期間が一定期間で、保障期間中は保険料が変わりません。

医療保険・医療特約の加入率

(%)

	世帯	世帯主	配偶者
2018年	88.5	82.5	68.2
2015年	91.7	85.1	69.6
2012年	92.4	85.2	70.8
2009年	92.8	86.6	69.0

出典：公益財団法人生命保険文化センター「平成30年度生命保険に関する全国実態調査」より作成

左の表は、かんぽ生命を除いた、民間の生命保険会社の保険の加入世帯を対象にして行った調査の結果です。これまでの調査に比べると、加入世帯・世帯主・配偶者のいずれも減少しています。

医療保険の3つのタイプの違い

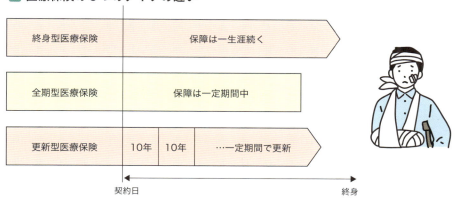

- 終身型医療保険：保障は一生涯続く
- 全期型医療保険：保障は一定期間中
- 更新型医療保険：10年 10年 …一定期間で更新

契約日　　　　　　　　　　終身

全期型医療保険の保険料は変わりませんが、更新型医療保険の保険料は更新ごとに変わります。保険料は「保険料率と年齢」で計算するので、契約時の保険料は安価ですが、更新時には年齢とともに保険料も上がるため、トータルでみると保険料は割高になります。

保障期間は、「30年」のように年数で決まるものと、「60歳まで」というように年齢で決まるものがあります。

・更新型医療保険

一定期間で更新される医療保険で、更新のたびに保険料が上がります。契約時の保険料は安いのですが、トータルの保険料は割高になります。

Chapter4

13

がんの保障に特化

保険の種類⑦
入院や手術でも安心「がん保険」

がん保険とは、がんと診断された場合の診断一時金や、がんの治療を受けた際の手術給付金、入院給付金などを支払う保険です。第三分野の保険で、生命保険会社、損害保険会社ともに取り扱っています。

がん保険と医療保険の違い

がん保険と医療保険の保障内容は似ています。医療保険に加入すれば、がんで入院・手術をした場合に給付金を受け取ることができます。しかし、がん保険は「入院日数に制限がないこと」や「契約後90日は保障の猶予期間があること」などが、医療保険とは異なる点です。また、入院や手術だけでなく、がんと診断された時点で受け取ることができる診断一時金や、通院した場合の給付金などの保障もあります。ほかにも、がん保険に先進医療特約を付けることができるので、健康保険の支払い対象外の先進的な医療を受けた場合の治療費もカバー可能です。

がん保険の種類と分類

がん保険は、定期型と終身型に分類することができます。定期型は満期まで保障が続き、保険料は一定です。満期の際に更新すると保険料が高くなります。終身型は保障が一生涯続き、保険料も変わりません。

がん保険は保障内容によって、入院給付金型や診断給付金型、**実損補てん型**や収入保障型などがあります。入院給付金型と診断給付金型がセットになっているがん保険もあります。実損補てん型は、損害保険会社などが販売しています。

最新の治療も保障できるがん保険

がんの治療は日進月歩で進んでいます。最近では、非常に高額な分子標的薬や免疫療法の薬が話題となりました。これらの治療費は非常に高額で、薬によっては1,000万円以上かかることがあります。これらの治療は厚生労働省が**先進医療**に指定していなけ

実損補てん型がん保険
実損補てん型とは実際に支払った医療費と同額が支払われるタイプの保険。入院や通院などの実費がまかなわれるため、治療費に関して自己負担が少なくなる。

先進医療
先進医療特約における先進医療とは、厚生労働大臣が定める先進医療のことをいう。先進医療は随時見直されているため、保険期間中に対象となる治療方法が増えることもある。

がん保険と医療保険の違い

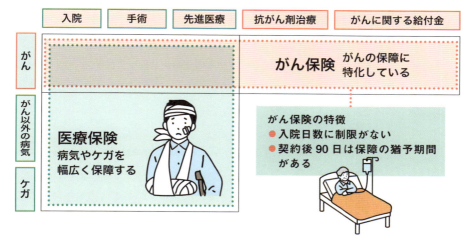

医療保険・がん保険の契約件数の推移

出典：一般社団法人生命保険協会「2019年版生命保険の動向」をもとに作成

医療保険・がん保険ともに契約件数は毎年増加しています。

れば、がん保険に「先進医療特約」を付けておいても、保障対象とはならないため注意が必要です。しかし、最近では先進医療に指定されていない最新の治療についても保障対象となるがん保険も誕生しています。

Chapter4

14

要介護状態になったときに支給

保険の種類⑧
長寿社会の切り札「介護保険」

日本は世界有数の長寿国で平均寿命も健康寿命もトップクラスです。しかし、健康寿命と平均寿命との差は10歳前後あり、その間には要介護状態になることが想定されるため、備えが必要です。

公的介護保険の不足分を補う民間の介護保険

健康で一生暮らすことができれば何よりですが、人生においては病気やケガ、あるいは老齢により介護が必要な場面があります。

介護に必要な費用については、公的保険である介護保険から原則9割、前年度の所得によっては7割から8割が支給されます。公的介護保険は、健康保険のように強制加入で、保険料は40歳を超えると健康保険料とともに徴収されます。そして、**要介護状態**になった場合に支払われます。

公的介護保険では、介護に必要な費用が全額は支払われないため、民間の介護保険などに加入しておくことで不足分を補うことができます。介護保険は、保険会社が規定している要介護状態が一定期間継続した場合に、一時金や年金が支給されるものです。

介護保険に加入していても、介護費用の自己負担は550万円を超えるという試算もあり、今後は民間の介護保険の需要がますます高まっていくと考えられます。

要介護状態

自治体の介護保険の給付を受ける場合は、所定の手続きに従い要介護状態区分の認定を受けなければならない。

指定代理請求制度

通常、生命保険の保険金や給付金は受取人もしくは被保険者が請求します。しかし、要介護状態になった、あるいは認知症になったなどの事情により受取人や被保険者が請求できない場合に、あらかじめ決めておいた指定代理請求人が被保険者などに代わって保険金や給付金を請求できる制度があります。それが、指定代理請求制度です。

契約している生命保険に指定代理請求制度を付加しておけば、被保険者が保険会社への保険金請求ができない状態でも保険金を受け取ることが可能です。

▶ 自治体の公的介護保険サービスの概要

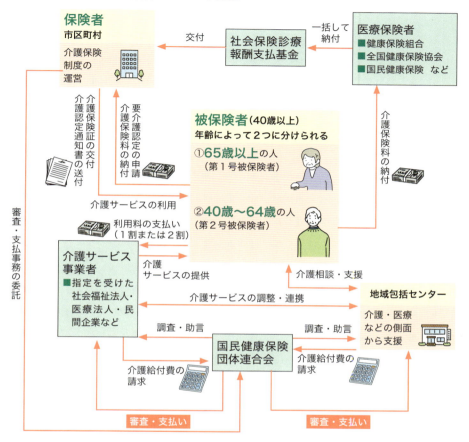

👉 ONE POINT

「長生き」ではなく、「元気で長生き」する時代に

超高齢化社会といわれる日本では、平均寿命は男性・女性ともに毎年延び続け、2018年は男性が81.25歳、女性が87.32歳です。しかし近年は、ただ長生きするだけではなく、健康で長生きすることが大事だと提唱されています。そこで注目されているのが、自立して生活できる年齢を示す「健康寿命」。実は、健康寿命と平均寿命を比較すると、大きな差があるのです。2016年のデータでは、男性の平均寿命は80.98歳なのに対し、健康寿命は72.14歳と8.84歳も差があります。女性の場合はもっと顕著で、平均寿命が87.14歳に対し、健康寿命は74.79歳なのでその差は12.35歳。「元気で長生き」の生活スタイルは、保険業界でも関心が高まってきています。

COLUMN 4

生命保険業界における保険金不払い

世間を驚かせた保険金不払い問題

生命保険業界の保険金不払い問題は、2005年2月に明治安田生命による死亡保険金に関する大量の不適切な不払いが露見したことにより、公のものとなりました。

明治安田生命が、告知義務違反のうち「詐欺無効」として死亡保険金を支払わなかった事案の8割が、本来保険金を支払うべきものであったことが発覚したのです。明治安田生命の不適切な不払いは、のべ1,053件、約52億円に上りました。その結果、2005年2月、同社は金融庁による業務改善命令及び業務停止処分を受けました。

このことから、金融庁が、国内のすべての生命保険会社に対して過去5年間の保険金支払いについて調査を命じたところ、31社で435件、約20億円の不払いがあることがわかりました。

その後も配当金や特約部分の支払いもれや、請求できる特約などがあるにも関わらず案内しなかった「請求勧奨もれ」が多数発覚しました。それらを含めると保険金の支払いもれは、最終的に約135万件、約973億円にも上りました。

原因と再発防止に向けた取り組み

保険不払いなどあってはならないことですが、生命保険業界の保険金不払い問題の裏には、複雑化した保険契約と、請求されなければ支払わなくてもよいという保険業界の意識、成績を上げることを重視する営業姿勢などが隠されています。

また、外資系生命保険の台頭により過剰競争となったことも一因と考えられています。

生命保険会社では、一連の不払い問題を教訓に特約を簡素化することや、契約者の説明窓口の強化、契約者が自分で請求できる保障を把握できるチェックシートの導入など、再発防止に向けた対策を数多く実施しています。

また、営業職員による訪問説明や、研修の導入などソフト面からも不払いの防止策を講じています。

第5章

生命保険業界の仕事と組織

生命保険会社は本社・支社・支部の三層構造で組織され、その下にさまざまな部門が置かれています。第5章ではそれぞれの仕事の業務と役割を説明します。また、生命保険会社では、女性社員が多く働いているイメージがありますが、その実態や業界全体が目指している働き方についても解説していきます。

Chapter5 01

保険は将来の安心を支える

人の人生に関わる商品を提案する仕事

生命保険会社は、さまざまなタイプの保険商品の開発・販売、保険料の運用、保険金の支払いなどの役割を担っています。ここでは、生命保険会社でどのような業務が行われているのかを解説します。

生命保険会社は安心を売る

生命保険会社の商品は、「将来の保障」です。生命保険に加入することで、死亡や交通事故の後遺障害、病気での入院やがんの罹患などのさまざまなリスクに備えることができます。

生命保険会社の役割は、保険商品の開発と販売、必要に応じて所定の保険金を支払うことにあります。日本の生命保険の加入率は88.7％と非常に高く、生命保険会社は社会インフラの一部といえます。

このしくみを健全に運営していくことが保険会社の仕事です。契約者から徴収した保険料を運用して、保険金の支払いに備えます。また、約款によって定められた保険金や給付金を支払うためにさまざまな部門が協力して業務を遂行しています。具体的には保険商品の開発、営業活動、保険引受の判断、保険料の徴収、保険金の支払い、資産運用などです。

> **インフラ**
> 生活や経済活動など、人間が活動するうえで不可欠な社会的基盤・設備のこと。

文系学生から根強い人気を誇る生命保険業界

生命保険業界は文系学生に人気の就職先となっています。

2020年にマイナビと日本経済新聞が発表した文系大学生の人気就職先ランキングには、トップ50以内に、日本生命、第一生命、明治安田生命の3社がランクインしています。

人気の理由としては、大卒社員の給与水準が高く、福利厚生も充実していることなどが挙げられます。各社の有価証券報告書によると、生命保険各社の平均年収は、第一生命が607万円、かんぽ生命が内務職員611万円、営業職員803万円と、一般企業と比較すると高収入です。男女ともに育児休業の取得を推進しているなど働きやすさに定評があります。

116

ライフイベントを支える保険商品の例

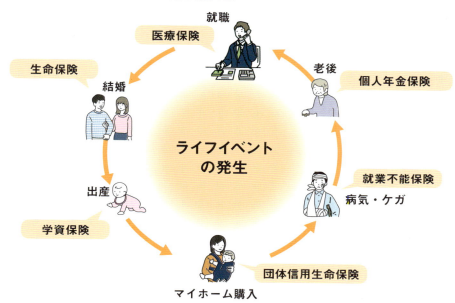

文系学生による就職企業人気ランキング（2020年卒版）

第1位	JTBグループ
第2位	全日本空輸（ANA）
第3位	東京海上日動火災保険
⋮	⋮
第25位	サントリーグループ
第26位	日本生命保険
第27位	一条工務店
第28位	Sky
第29位	第一生命保険
第30位	オムロン
⋮	⋮
第47位	みずほフィナンシャルグループ
第48位	明治安田生命保険
第49位	キリン
第49位	電通

出典：マイナビホームページより抜粋

給与水準が高く福利厚生の充実した生保・損保業界は文系学生に支持されています。

第5章 生命保険業界の仕事と組織

Chapter5 02

各支社の下に多くの支部が存在しているのが特徴

日本の生命保険会社は
本社 - 支社 - 支部の三層構造

日本の生命保険会社の多くは三層構造になっています。一方、近年人気を集めているダイレクト系の生命保険会社では、営業職員はほぼ存在せず代理店への提案営業などを行っています。

三層構造が多い生保

　国内生命保険会社の多くは、本社 - 支社 - 支部の三層構造になっています。例えば、住友生命では、支社数が87、支部数は1,451となっており、各支社に数多くの支部が存在しています。同社の従業員数は4万2,954名で、そのうち営業職員が3万1,981名と営業職員が群を抜いて多いことがわかります（2019年3月31日現在）。

　ユーザーに保険を販売するのは支部に所属する外交員や営業職員と呼ばれる社員です。

　日本生命や第一生命のような大手生命保険会社の営業職員は、固定給が支払われる一般的な正社員ではなく、**個人事業主**である場合が多いです。通常は営業職員を生命保険会社の正規社員が管理しています。

　支社では、企業向けの団体生命保険の販売などの営業を初め、企業への営業活動が主な業務です。全国規模の大企業への営業は本社の営業部が行うこともあります。

個人事業主
保険会社の営業職員は個人事業主であり、報酬は歩合制である。

営業職員がほとんど存在しない通販型の生保

　近年売上を伸ばしている、通信販売やインターネット販売などで保険を販売している通販型生命保険会社では、直接保険を販売する営業職員は存在しません。営業職員ではなく、代理店営業が代理店に対して営業活動を行うことがあります。

　これらの通販型生命保険会社では、カスタマーサポート部門が手厚くなっており、契約や保険金の支払いに関する手続きを行っています。

118

▶ 国内生命保険会社の三層構造

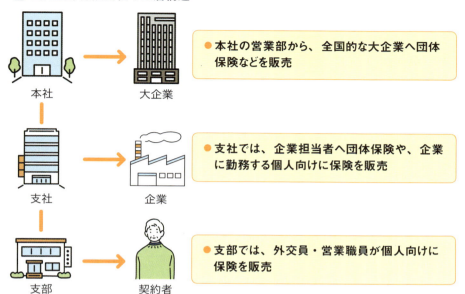

- 本社の営業部から、全国的な大企業へ団体保険などを販売
- 支社では、企業担当者へ団体保険や、企業に勤務する個人向けに保険を販売
- 支部では、外交員・営業職員が個人向けに保険を販売

▶ 従来の生保と通販型生保の販売方法の違い

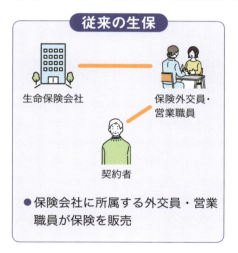

従来の生保
- 保険会社に所属する外交員・営業職員が保険を販売

通販型生保
- 営業職員は存在せず、契約者がインターネットなどから直接保険を申し込む
- 契約や保険金の支払いに関する手続きはカスタマーサポート部門が実施

- 外交員や営業職員が多ければ、人件費や諸経費が多くかかるが、通販型生保にはそれがないのが強み。保険料の安さに反映される

Chapter5
03

男女ともに人気のある職種

残業や転勤も多いが
好待遇の生保業界

生命保険業界は、一般的に残業が多く、転勤を伴う職種もあるものの、福利厚生や報酬面で優遇されているので、男女ともに人気のある就職先です。また、フレックス制度を取り入れ、働き方の多様化にも対応しています。

残業と転勤が多い生保社員

　生命保険会社の営業日は基本的にカレンダーどおりで、土日祝日は休日です。お盆や年末年始などは営業していますが、交代で休みが取れるしくみになっています。しかし、支部の営業職員や営業職員を管理する社員は、顧客の休日に対応しなければならないことも多く、土日に勤務することもあります。

　また、総合職は、一般的に残業時間が長いのも特徴です。しかし、長時間残業の改善のために早帰りデーを設けて社員の帰社を促すなど、長時間残業を削減する取り組みが進められています。さらに3年から5年周期で転勤があることも少なくありません。最近では、転勤する地域が限られている、もしくは転勤がないエリア限定総合職を設けている会社もありますが、待遇面では全国型の総合職に劣ることがほとんどです。

各種休暇は豊富だけれど取得が難しい

　生命保険会社は各種休暇制度が充実しており、有給休暇以外にもさまざまな休暇制度があります。年末年始休暇、特別休暇や**リフレッシュ休暇**などは、給与が支払われる休暇ですので、働きやすい環境といえます。

　営業職員や支部の営業社員、支社の営業社員は土日祝日に出勤することがあるため、有休の取得が難しい場合がありますが、近年では有休の取得を義務化するなどして、社員のワークバランスを確保できるような体制を整えています。課長を初めとする管理職層は部下の有休取得などの管理も行わなければならず、有休を取得しない社員に対しては取得するように指導する場面も見受けられるようになりました。

リフレッシュ休暇
一定の勤続年数を超えた社員などに与えられる休暇。社員にリフレッシュしてもらうことを目的としており、日数などは会社によって異なる。

120

▶ フレックス制度のイメージ

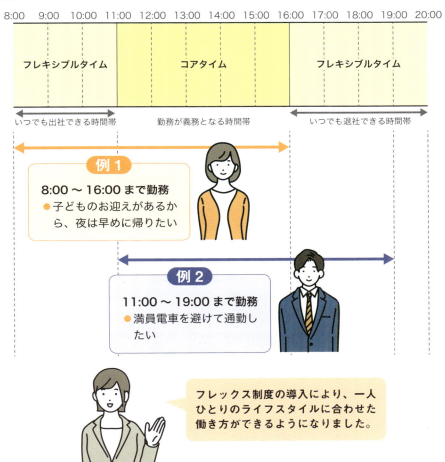

フレックス制度の導入が進む生命保険会社

　政府主導の働き方改革により、フレックス勤務を導入する企業が増えています。生命保険業界でも、第一生命、明治安田生命、住友生命、日本生命、SOMPOひまわり生命などで**フレックス制度**を取り入れており、働き方の多様化が進んでいます。==フレックス勤務は、出社時間や退社時間を社員の裁量で決めることができる==ので、満員電車での出勤が難しい社員や、育児中・介護中の社員でも、無理なく勤務が可能です。

フレックス制度
出社時間や退社時間を社員が自由に決めることができる制度。一定の期間で総労働時間が決められているため、1日の労働時間も自分で決定できる。各企業が導入することで都心の満員電車の解消などの効果も期待されている。

Chapter5
04

ワーク・ライフ・バランスの実現に向けた取り組みがさかん

生命保険業界の基本データ

生命保険業界は、一般的に福利厚生が手厚く働きやすいとされています。ここでは、大手生命保険会社各社における実際の有給休暇日数や育児休暇取得実績などの仕事環境を確認しましょう。

日本生命保険相互会社

日本生命は日本最大手の生命保険会社です。2015年に三井生命（現在の大樹生命）を買収、2016年にはオーストラリアの大手銀行の保険業務を買収するなど国内、海外ともに事業拡大に積極的な姿勢を示しています。

働き方改革にも積極的に取り組んでおり、2020年度までに有給休暇取得率70％（年平均14日以上）を目標としています。また、2013年度から6年連続で男性社員の育児休業は取得率100％となっています。

第一生命保険株式会社

第一生命は、国内初の相互会社として発足以降、日本の生命保険業界をけん引しています。2010年には大手生命保険会社のなかで初めて株式会社化しました。男女ともに有給休暇取得日数や勤続年数が長く、働きやすい環境であることがわかります。

本社・支社の内勤社員はフレックスタイム制度が導入されており、在宅勤務制度を利用した社員は2017年度には約400名に上りました。

住友生命保険相互会社

住友生命は国内4強生保の一角を担っています。近年では子会社のメディケア生命との連携や、2018年のソニー生命との一部業務提携により、販売商品のラインナップを広げています。従業員に対しては子育て世帯への支援が充実しており、子ども1人に対して毎月1万円を支給する育児費用補助や、看護休暇制度など、子どもを育てながら働ける環境が整っています。

▶ 大手生命保険会社の基本データ

	平均年齢	勤続年数	年間有給取得日数	育児休業取得者数
日本生命	39.2歳 (男性40.6歳　女性38.3歳)	16.8年 (男性17.8年　女性16.2年)	10.8日	643人 (うち男性241人)
第一生命	42.9歳 (男性44.6歳　女性41.9歳)	18.1年 (男性21.0年　女性16.3年)	14.2日	1,261人 (2016年実績)
住友生命	45.7歳 (男性45.7歳　女性45.7歳)	15.1年 (男性20.0年　女性12.0年)	15.4日	1,733人 (2017年実績)
明治安田生命	43.9歳 (男性43.9歳　女性43.9歳)	16.0年 (男性20.2年　女性12.9年)	データなし	1,973人 (2018年実績)

各社ウェブサイトなどの公開情報をもとに作成

政府主導の働き方改革の影響もあり、業界全体がワーク・ライフ・バランスの実現に向け、取り組みを行っています。

　また、これらの取り組みは、経済産業省の「健康経営優良法人2018(大規模法人部門)〜ホワイト500〜」、内閣府の2018年度「女性が輝く先進企業表彰」を受賞。働きやすい環境が整っていることがわかります。

📍 明治安田生命相互会社

　明治安田生命は三菱系の日本初の生命保険である明治生命と**芙蓉系**の安田生命が合併して2004年に誕生した保険会社です。2016年には海外進出戦略の一環として米国の生命保険会社スタンコープ社を買収しています。「ワーク・ライフ・バランス」の実現に力を入れており、保育料の一部が支給される制度や家族の介護のために短時間勤務が可能な制度が導入されています。

芙蓉系
みずほ銀行や丸紅、日産自動車や東京海上日動火災保険などの大企業が属する企業の集団。富士銀行(現みずほ銀行)から融資を受けていた企業を中心に構成されている。

Chapter5 05

保険業務だけでなく、資産運用にも積極的

生保ビジネスは保険業務と金融業務が両輪

生命保険会社の業務は保険と金融に分けられます。保険業務では保険商品の開発や営業、事務、保険金の支払いなどを行っています。金融業務では、顧客から預かった保険料の一部を運用し、保険金支払いに備えています。

生命保険会社の保険業務

生命保険会社の保険業務は、保険商品の開発や保険料の決定、営業活動、保険料の徴収、保険金の支払いなどです。保険商品を開発して保険金を支払うまでの流れをさまざまな業種が分担しています。各業種を専門とする社員が所属しており、それぞれがまったく異なる業務に従事しています。

具体的には、商品開発部門や営業部門、保険事務部門、契約医務部門、保険金支払い部門、カスタマーセンター部門などが保険業務に当たる仕事です。契約医務部門では、新規契約の際の査定や保険金支払いの査定などを行っています。ヘルプデスクやカスタマーセンターでは代理店や契約者からの問い合わせ業務に対応し、契約の変更や保険金支払いなど、生命保険に関するありとあらゆる質問や相談を受け付けています。

生命保険会社の金融業務

生命保険会社では保険の加入者から集めた保険料の一部をさまざまな方法で運用しています。有価証券や不動産、貸付など、安全性が高い方法を選択して、十分な保険金が支払えるように備えています。生命保険会社の資産は非常に大きいため、機関投資家と呼ばれる団体が資産を運用・管理しており、株式市場では常にその動向が注目を集めています。

生命保険会社が行う資産運用の方法やその比率などは、保険業法で細かく規定されており、保険会社はその範囲内で資産運用を行わなければなりません。

保険会社は資産運用を管理する部門と企画する部門を備えており、安全かつ確実に資産を運用できる体制を敷いています。

保険事務
保険事務部門では、契約に関する事務手続きから、保険金支払いに関する手続きまでを行う。多くは内勤の女性社員である。

機関投資家
生命保険会社や損害保険会社、銀行や政府系金融機関などの大量の資金を運用する大口投資家のこと。

保険業務と金融業務

生命保険会社

保険業務 …保険商品・サービスに関連する業務

〈例〉
- 保険商品の開発
- 保険の販売
- 保険料の徴収
- 保険金の支払い
- カスタマーサービス

金融業務 …加入者から集めた保険料の一部を運用する業務

〈例〉
- 資産運用方法の検討
- 資産運用の実施

> カスタマーセンターには、保険の手続きの仕方、契約内容の確認、解約の手続きなど保険業務に関する問い合わせが多いことはもちろんのこと、ときにはクレーム対応をしなければならないこともあります。いわば、会社の窓口的な部門ですので、豊富な知識だけでなく、柔軟な対応が求められます。

👉 ONE POINT
保険業法で規制されている資産運用方法

生命保険会社の巨額な資産は将来の保険金の支払いの財源となるため、安全でしかも確実な運用が求められます。運用については、保険業法で細かく規定されており、例えば、資産別に運用比率が設けられています。国内株や不動産、外貨建資産などのリスクのある資産で運用する場合には、国内株式は30％、不動産20％、外貨建資産30％などと上限が決められており、その範囲内でしか運用することはできません。

さまざまな業務を経験しながらスキルを深める

生保業界でのキャリアパス

生命保険業界では、自分が目標とする職務や職位につくためにどのような経験などが求められるのでしょうか。ここでは、生保業界のキャリアパス例を確認しておきましょう。

総合職のキャリアパス

生命保険業界の男性総合職は、全国転勤を繰り返し<mark>さまざまな業務を経験</mark>します。営業部門の総合職であれば営業職員の管理などに携わりながら、ときには海外勤務も経験し、管理職としてのマネジメント能力や知識、スキルを身につけていきます。生保では女性の進出にも積極的に取り組んでおり、女性総合職も増加しています。女性総合職も男性のように全国各地に異動することもありますが、エリア限定の総合職として活躍することも多いです。女性総合職も男性と同様に高水準の収入が期待できます。

一般職のキャリアパス

生命保険業界の一般職の社員は、保険事務やカスタマーセンター、保険金支払い、営業支援などに従事しています。そのほとんどが女性で、全国規模の転勤はない雇用形態です。

一般職の社員は、<mark>現場で業務を遂行しながら知識とスキルを深めていく</mark>ことでキャリアアップしていきます。部下を指導したり、一般職の新入社員を教育する立場になることも可能です。また、研修で講師を務めることもあります。

外交員のキャリアパス

営業職員や外交員は、厳密には保険会社の社員ではなく個人事業主です。よって、<mark>会社の敷いたレールを歩くのではなく、自分で営業成績を伸ばしていくこと</mark>がキャリアアップのためには必要です。新規顧客の開拓や既存顧客へのケアなどの基本的な営業活動に加えて、独自のノウハウで成績を伸ばすと、総合職社員をしのぐ報酬を受け取ることも可能です。

研修
生命保険会社ではどの職種においても、研修体制が充実している。職種ごとや入社年次ごとの研修、eラーニングシステムを用いた研修などが随時行われている。また、各種資格の取得も求められる。

▶ 生命保険会社の職種別キャリアパス例

職　種	転勤の有無	キャリアパス例
総合職	全国（海外含む）転勤あり ※一部転勤のないエリア総合職もあり	■幅広い業務に携わり、専門知識を深める ■営業職員の管理などを行い、マネジメントスキルを習得
一般職	転勤なし	■現場で知識・スキルを深める ■部下・後輩の指導 ■研修講師
外交員	転勤なし	■新規顧客の開拓 ■既存顧客へのケア ■独自のノウハウで営業成績を伸ばす

▶ 生命保険会社で必要とされる主な資格試験

一般課程試験
生命保険協会が実施する生命保険に関する基礎知識を問う試験。合格することで「生命保険募集人」として登録され、保険の販売が可能になる。専門課程・応用課程・大学課程とより難易度の高い上級資格もある。

変額保険販売資格試験
生命保険協会が実施する変額保険の知識を問う試験。取得すると変額保険の販売が可能になる。

FP技能士検定／CFP®資格審査試験
ファイナンシャルプランナーとして活躍するために必要な金融商品・ライフプランニングなどの幅広い知識が必要とされる試験。国家資格の「FP技能士（1～3級）」と日本FP協会認定の「AFP」「CFP®」がある。

上記以外にも部署によってさまざまな専門資格が必要になります。

 ONE POINT

生保社員は資格の勉強が大変？

生命保険を募集・販売するために法的に取得が義務付けられているのは保険募集人だけですが、実際には多くの生保会社でその他の資格においても取得が推奨されています。これはお客様のニーズが多様化するなかで、専門知識を身につけることにより、幅広い商品を提案していくことが重要だと考えられているからです。

Chapter5 07

女性管理職の登用を推進

女性社員の戦力化のための環境づくり

生命保険業界では、女性外交員や営業職員の尽力により大きく契約高を伸ばしてきました。しかし、営業部署以外での女性社員は男性と同様に戦力として評価されていたとはいえない状況でした。

管理職・管理部門で登用されなかった女性社員

国内大手生命保険会社の代名詞といえば生保レディと呼ばれる営業職員です。そのイメージから生命保険業界は女性が活躍する業界と思われているかもしれません。しかし、実際には管理職や管理部門、資産運用部門などでは女性が登用されていませんでした。総合職のほとんどは男性社員であり、女性はサポートする職務や事務作業に従事する存在でした。

しかし、男女共同参画局が目標とする「2020年女性管理職30％」に呼応する形で、各生命保険会社は各自が女性管理職割合の目標値を定め、積極的に女性管理職の登用を進めています。

2020年女性管理職30％
諸外国と比較すると日本の女性管理職の割合は著しく低いため、政府主導で目標値を掲げ女性管理職の登用に取り組んでいる。

進む女性管理職の登用

住友生命では、2020年度末の女性管理職の割合を33％以上とすることを目標として女性管理職の登用を進めてきました。2019年末現在、同社の女性管理職の割合は37％を達成しており、なかでも営業部門の管理職は50％を達成しています。女性の管理職を増やすために、職種別にリーダーを目指すための研修を開催する、キャリアプランを作成するなど全社を挙げて女性管理職の登用に取り組んでいます。

第一生命でも同様に女性管理職を積極的に登用しており、2017年時点の女性管理職の割合は24.2％と一般企業の平均を大きく上回っています。また、日本生命でも2014年に女性管理職520人を目標に掲げ、計画の2年前倒しで達成しました。さらに、2019年には日本の生命保険業界では初の女性取締役も誕生し注目を集めています。今後も生命保険業界の女性社員の管理職登用は進むでしょう。

▶ G7各国における管理職に占める女性の割合

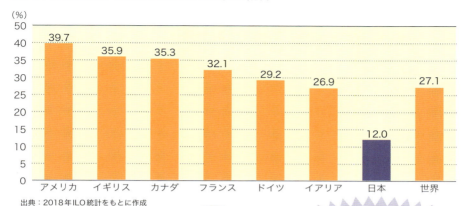

出典：2018年ILO統計をもとに作成

日本の女性管理職比率は
G7で最下位、世界的にみても
依然として低い水準に
留まっている

▶ 大手保険会社の女性管理職比率と女性活躍推進に向けた主な取り組み

	女性管理職比率	主な取り組み
日本生命	19.9%	■産休前後・育休中・復帰後の各課題に応じたセミナー ■男性の育児休業取得推進 ■管理職登用に向けた「次世代女性リーダー育成プログラム」などの実施
第一生命	24.2%	■ロールモデルとして、上位層の女性管理職による次世代の管理職候補の育成 ■情報共有や交流を通じた個人の成長を目的とした「女性部長の会」を発足
住友生命	37.0%	■職種別に組織リーダーを目指すための集合研修を実施 ■将来目指す姿を前提としたキャリアプランの作成 ■期間限定で他所属の業務を経験することができるキャリアアップ支援制度（一部職種）
明治安田生命	24.4%	■女性管理職登用候補者を選定・登録し、目指す職務に応じた層別研修や公募型研修の実施 ■複雑だった職種を「総合職（全国型）」と「総合職（地域型）」の2種へ再編・統合し、納得性・透明性の高い処遇制度へ改正

※女性管理職比率は第一生命のみ2017年、ほかは2019年の比率。
出典：各社ウェブサイトなどの公開情報をもとに作成

ますます重要視される営業活動

代理店営業と法人営業

生命保険会社は長らく営業職員を中心とした営業体制を敷いていましたが、販売チャネルの多様化により、代理店営業の役割も重要となってきました。また、法人営業も大口の契約が期待でき、保険会社の花形部署です。

代理店扱い契約の増加

これまで、生命保険会社では営業職員による対面販売が主な販売チャネルでした。しかし、銀行窓口販売の解禁や、保険ショップの台頭などにより、代理店扱いの契約数も増えてきています。その結果、営業職員だけでなく代理店営業も生命保険会社の営業活動の重要な要素となりつつあります。

生命保険会社の代理店は、銀行などの金融機関、保険ショップなどの窓口、個人の生命保険代理店、企業内代理店などに分類されます。代理店営業では、金融機関や保険ショップなどの生命保険募集代理店と委託契約を締結して、保険販売を促進します。新規代理店の開拓や既存の代理店に対する契約の推進、各種研修の実施など、その業務は多岐にわたります。生命保険の代理店になるためには資格の取得などが必要なため、それらのフォローを行うのも営業の仕事です。

法人営業は企業担当者がターゲット

生命保険会社の法人営業は、企業に団体保険や団体年金などの保険商品を販売します。大企業の団体保険や団体年金などは、地方の支社の法人営業ではなく、本社の法人営業部が担当することもあります。

また、保険だけでなく退職金の給付に関するコンサルティングや確定拠出型年金による新年金サービスを提案することもあります。このように、法人営業の担当者には、企業の福利厚生制度の構築や改善なども見据えた専門的な知識やスキルが求められます。場合によっては、保険だけでなく各種金融商品や企業法務の問題、不動産などの幅広い知識が求められる仕事です。

団体保険
団体保険は企業などが契約者となり、団体の構成員を被保険者にする保険のことをいう。福利厚生を目的として導入することが多く、割安な保険料に設定されている。

確定拠出型年金
事業主や契約者が掛金を拠出、加入者が運用方法を指定し、その成績によって年金受取額が決まるしくみの年金で、企業型確定拠出年金と個人型確定拠出年金（iDeCo）の2種類がある。

▶ 生命保険代理店のしくみ

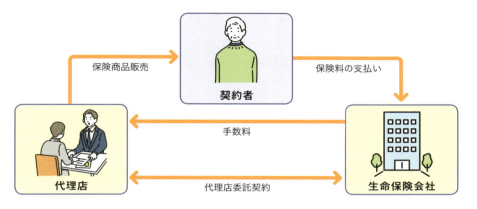

▶ 代理店営業と法人営業

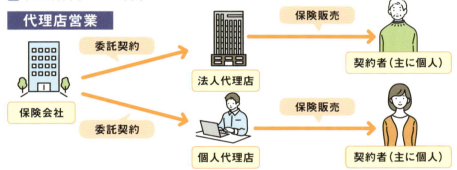

- ■ 新規代理店開拓
- ■ 既存の代理店へのサポート　など

- ■ 企業に団体保険・団体年金を販売
- ■ 企業への提案・コンサルティング　など

Chapter5
09

個人営業、法人営業、代理店営業の３つに分かれる

会社の屋台骨を支える「営業部門」

生命保険会社の収益は保険料収入によるものと、資産運用の利益によるものに大別されます。その資産運用に充てられる資金も保険料収入から得られるものですので、営業部門は生命保険会社の屋台骨といえます。

生命保険の３つの営業柱

生命保険会社の営業は、個人営業と法人営業、代理店営業の３つに大別されます。個人営業は外交員や営業職員と呼ばれる個人事業主の女性スタッフによる訪問販売がメインです。しかし、外資系の生命保険会社では、女性ではなく男性の外交員が中心となって個人営業を行っています。

法人営業では、企業に団体保険や団体年金を販売します。そして、代理店営業では代理店の新規開拓や代理店に対する販売の促進を行います。

法人営業や代理店営業を担当するのは、男性の営業職であることがほとんどでしたが、近年は女性の登用により、女性の法人営業や代理店営業社員もみられるようになりました。

販売チャネルの変化

販売チャネル
保険募集を行う際の販売経路のこと。営業職員（外交員）による営業販売、乗合代理店での店舗販売、通信販売やインターネット販売など、多様化が進んでいる。

生命保険業界では、販売チャネルの多様化が進んでいます。従来は営業職員における対面販売がメインでしたが、近年ではそれ以外の販売チャネルも増加しています。保険ショップのような来店型の乗合代理店による販売、インターネットの比較サイトによる販売など、時代の変化に対応した販売チャネルが次々に誕生しており、保険会社の営業部門もそれに適合するように形を変えていく必要があります。

インターネット通販の占める割合は、横ばいもしくは低下傾向にありますが、その代わりに銀行や代理店の販売件数が増加しています。特に、代理店の伸びが顕著となっており、乗合代理店でユーザーが比較検討して保険に加入する傾向がますます強くなると考えられます。

132

▶ 個人営業・法人営業・代理店営業の違い

	対象	主な業務
個人営業	個人	■ 外交員・営業職員による訪問販売
法人営業	法人	■ 団体保険・団体年金の販売 ■ 企業へのコンサルティング
代理店営業	代理店 （個人・法人）	■ 代理店の新規開拓 ■ 既存の代理店へ販売促進・フォロー

▶ 生命保険を契約したときの加入経路

（複数回答）（％）

	生命保険会社の営業職員	通信販売	生命保険会社の窓口	郵便局の窓口や営業職員	銀行・証券会社を通して	保険代理店の窓口や営業職員	勤め先や労働組合等を通じて	その他	不明
2018年	53.7	6.5	2.9	4.2	5.4	17.8	3.4	5.6	0.6
2015年	59.4	5.6	3.1	3.0	5.5	13.7	4.8	4.1	0.7
2012年	68.2	8.8	2.5	2.1	4.3	6.9	3.2	3.2	0.8
2009年	68.1	8.7	1.9	2.9	2.6	6.4	3.0	4.9	1.3

出典：公益財団法人生命保険文化センターの資料をもとに作成

- 営業職員による対面販売は減少
- 通信販売は横ばい（低下傾向）
- 銀行・証券会社・保険代理店の販売件数が増加

従来は対面販売がメインだった生命保険ですが、近年は乗合代理店が伸びてきているなど、販売チャネルの多様化が進んでいます。

第5章 生命保険業界の仕事と組織

Chapter5

10

生保レディの誕生のきっかけと問題点

生保営業の代名詞
「保険外交員（生保レディ）」

日本の生命保険会社では、生保レディと呼ばれる保険外交員や営業職員などが、主力の営業チャネルです。外資系生命保険会社でも外交員と呼ばれるスタッフが、対面販売によって保険商品を販売しています。

戦後の復興期に生まれた生保レディ

　　生保レディの誕生は、第二次世界大戦後までさかのぼります。それまではサラリーマン階層に保険を販売すべく男性の営業職員が販売していました。その後、第二次世界大戦後の人手不足などを背景に、各生命保険会社が**戦争未亡人**を積極的に雇用し始め、これが生保レディ誕生のきっかけとなりました。

　　彼女たちの奮闘により、日本の生命保険加入率は大幅に増加し、日本は世界有数の保険大国となりました。現在でも、国内生命保険の主な販売チャンネルは生保レディなどの保険外交員です。

戦争未亡人
第二次世界大戦によって夫を失った女性のこと。当初は保険料の集金に特化したパート職員として、戦争未亡人を雇用していた。

生保レディのターンオーバー問題

　　生保レディによる営業活動は生命保険会社の根幹を支えるものとなりましたが、長期間解決できていない問題もあります。それがターンオーバー問題です。保険会社が外交員を大量に採用しても、離職率が高く、質の高い外交員が定着しないのです。なかには長期間にわたり特定の生命保険会社で外交員を続けている人もいますが、多くが2年から3年で退職してしまうといわれています。

　　生命保険会社の外交員は固定給がある場合もあるものの、基本的には歩合給のため契約数を上げられなければ報酬は低くなってしまいます。最初の数ヶ月は家族や親族、友人知人などの縁故契約が望めますので、一定の契約数は確保できるものの、だんだんと縁故契約は難しくなり、自分自身で顧客を開拓しなければなりません。ただ、保険会社側も離職率の高さについては危惧しており、固定給制度の導入やきめ細やかな研修制度などにより外交員の定着を図っています。

▶ 生命保険に入るときの情報入手先

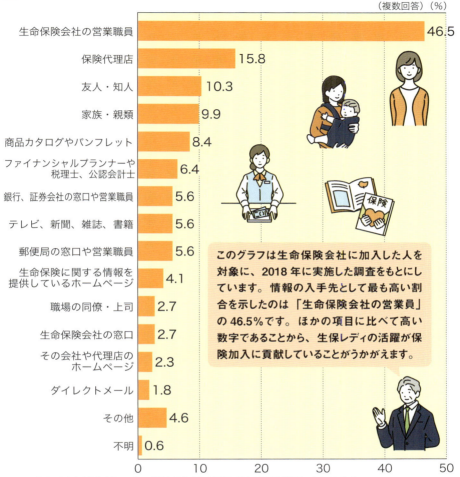

（複数回答）（％）

情報入手先	%
生命保険会社の営業職員	46.5
保険代理店	15.8
友人・知人	10.3
家族・親類	9.9
商品カタログやパンフレット	8.4
ファイナンシャルプランナーや税理士、公認会計士	6.4
銀行、証券会社の窓口や営業職員	5.6
テレビ、新聞、雑誌、書籍	5.6
郵便局の窓口や営業職員	5.6
生命保険に関する情報を提供しているホームページ	4.1
職場の同僚・上司	2.7
生命保険会社の窓口	2.7
その会社や代理店のホームページ	2.3
ダイレクトメール	1.8
その他	4.6
不明	0.6

このグラフは生命保険会社に加入した人を対象に、2018年に実施した調査をもとにしています。情報の入手先として最も高い割合を示したのは「生命保険会社の営業職員」の46.5％です。ほかの項目に比べて高い数字であることから、生保レディの活躍が保険加入に貢献していることがうかがえます。

出典：公益財団法人生命保険文化センター「平成30年度生命保険に関する全国実態調査」をもとに作成

第5章 生命保険業界の仕事と組織

ONE POINT
生保レディの経費は自分持ち？

生保レディの営業活動は生命保険会社に欠かせないものです。歩合制のため、やる気があってセールス上手な女性にとっては高収入も夢ではありません。ただし、保険会社によっては営業活動にかかる経費を、生保レディが自分でまかなっている場合があります。お客様の会社や家を訪問するための交通費、ちょっとした手みやげ、契約が成立したときのお礼の品など、出会う人が多くなればなるほど、経費もかかるのが生保レディの宿命です。

Chapter5
11

安全性、収益性などを見据えて堅実に運用
運用して収益を上げる「資産運用部門」

生命保険会社においては、顧客から徴収した保険料を安全かつ確実に運用する資産運用部門も重要な部署です。ここでは、実際にどのように保険料が運用されているかを確認しましょう。

国内有数の機関投資家

　生命保険会社は、国内有数の機関投資家です。顧客から集めた保険料の一部を有価証券などで安全に運用します。2018年3月末の、国内41の生命保険会社の総資産は387兆7,945億円でした。生命保険会社の資産運用方法はさまざまですが、2018年度末には、有価証券が82.6％と、その大半を占めています。なかでも保有割合が多いのが、国債です。株式の保有割合は有価証券全体の6.8％となっています。また、JPXの統計によると、2018年度の投資部門別の株式保有状況は、生命保険会社が19兆9,984億円と株式市場全体の3.2％を占めています。

　生命保険会社は安全かつ確実に資産を運用するだけでなく、社会性や公共性に配慮した運用も求められています。例えば、再生エネルギー活用の環境構築のための資金供給や、保育所の設置などです。

生命保険会社の資産運用部門

　国内の生命保険会社は個別に資産運用部門を設けています。また、子会社として資産運用会社を有している保険会社もあります。資産運用部門では、投資案件を検討して分析し、戦略を構築した後に、トレーディングを行います。資産運用部門の社員は通常と同様に新卒でも採用されますが、中途採用が多いのも特徴です。

　資産運用部門は有価証券や融資、不動産などの部門に分かれています。運用部門には、ファンドマネージャーやアナリスト、クレジットアナリストといった専門家が所属して戦略的に投資を行っています。保険会社によっては、運用企画部といって、運用方法の検討や戦略を立てる部署が設けられていることもあります。

ファンドマネージャー
市場や銘柄を分析し、売買のタイミングを検討して資産を運用する人。

アナリスト
企業の動向や経営状態、国内外の市場の動きや地政学リスクなどを調査、分析して予測する人。

136

▶ 生命保険会社の総資産と構成比（2018年度）

	金額（億円）	構成比（%）
現金及び預貯金	89,949	2.3
コールローン	16,549	0.4
金銭の信託	61,714	1.6
有価証券	3,203,095	82.6
貸付金	318,785	8.2
有形固定資産	61,560	1.6
その他	126,290	3.3
総資産	3,877,945	100.0

出典：一般社団法人生命保険協会の資料をもとに作成

有価証券の割合が82.6%と非常に高くなっている

▶ 投資部門別株式保有状況

	金額（億円）	構成比（%）
政府・地方公共団体	9,534	0.2
都銀・地銀等	193,759	3.1
信託銀行	1,335,118	21.5
生命保険会社	199,984	3.2
損害保険会社	64,793	1.0
その他金融機関	44,645	0.7
証券会社	143,880	2.3
事業法人等	1,346,779	21.7
外国法人等	1,812,440	29.1
個人・その他	1,069,581	17.2
合計	6,220,513	100.0

※2018年度。3,735社が対象。
出典：JPX投資部門別株式保有状況の資料をもとに作成

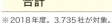

株式市場全体の3.2%を生命保険会社が保有

生命保険会社の資産は、安全性・収益性・流動性・公共性の原則に則り運用されています。

第5章 生命保険業界の仕事と組織

Chapter5
12

顧客のニーズをいち早く察知して対応

魅力ある保険で他社と差別化 「商品開発部門」

生命保険会社の商品開発部門では、他社よりも魅力的な商品を開発すべく日々切磋琢磨しています。ここでは、どのようにして生命保険の商品が開発されているのかを確認しましょう。

商品開発部門の仕事とは

生命保険会社の商品開発部門では、顧客のニーズや現場の要望などを反映させて新しい商品を開発しています。また、既存の商品のアップグレードも欠かせません。他社の商品を研究して、よい点は取り入れることもあります。

商品開発の際は、市場の動向調査やニーズの掘り起こしなどを行ったうえで、商品アイデアを提案します。会社によっては、販売に向けて認可の取得や販売手法の教育までを行います。商品開発の業務範囲は広く、マーケティングだけでなく、金融庁などの関係省庁との折衝などさまざまなスキルが求められます。

時代によって変遷する生命保険商品

生命保険は、時代の移り変わりによって大きく変化を遂げてきました。バブル崩壊までは、大型保障や貯蓄型の保険が好まれていましたが、バブル崩壊後は安い掛金で必要な保障が得られる定期保険や、生きるために必要な医療保険、がん保険などが人気を集めています。

商品開発部門はこのような時代の流れなどを察知して、人々が求める保険商品を開発します。近年は少子高齢化が進み、ライフスタイルが多様化しているため、商品のラインナップも豊富です。子どもの教育資金に備える学資保険や、老後の介護費用を保障する介護保険、万が一の際の収入を保障する就業不能保険など、さまざまな商品が開発されてきました。従来の主契約プラス特約という形だけでなく、さまざまな特約を自分で組み合わせることができる保険も誕生しており、ライフスタイルの多様化に柔軟に対応できるようになっています。

医療保険
病気やケガで入院や手術などをした際に給付金が支払われる保険。

▶ 新商品開発のイメージ

保険業界を取り巻く環境を十分に考慮したうえで、商品開発に取り組む必要があります。

	ニーズ	保険商品
バブル以前	死亡への備えが必要 家族のためにしっかりとした保障が必要	● 大型保障の保険 ● 貯蓄型の保険
バブル以後	掛金を抑えたい 生きるための保険が必要	● 安い掛金で最低限の保障を得る保険 ● 医療保険・がん保険
現在	多様化するライフスタイルに対応できる保険が必要 老後の介護費用、生活費が心配	● 豊富なラインナップ ● 介護保険

Chapter5

13

保険の申込書類の作成から、顧客の診査まで

営業を裏で支える「後方支援部門」

生命保険会社は保険業務や金融業務などが収益を生み出す部署です。しかし、その裏には営業体制を支援する部署があります。保険業務と金融業務が保険会社の両輪だとすれば、後方支援部門はその潤滑油といえます。

営業を支援するバックオフィス業務

保険契約にまつわるさまざまな事務手続きなどを担うのがバックオフィス業務です。営業部門のバックオフィス業務は、保険の申込書類の作成や、顧客・代理店などからの問い合わせへの対応、設計書の作成などです。

設計書
生命保険においては、保障額や保障内容などを顧客に提示するための書類。金額だけでなく、わかりやすい図などで説明するものが多い。

営業のバックオフィス業務のほとんどは、一般職の女性社員が担っています。生命保険会社のバックオフィス業務は女子学生を中心に人気が高い職種です。土日祝日は基本的に休みで残業も営業職よりも少なく、福利厚生も手厚いことが人気の理由だと考えられます。

また、生命保険会社にも一般企業と同じように、総務や広報、経理、人材開発などの部署も存在します。カスタマーサポートを担当するコールセンターは、雇用の創出のために東北地方や沖縄などに設置されることが多い傾向にあります。

生命保険会社独特の部署「医務部」

医務部とは、保険を申し込んだ顧客の診査や、保険金支払いの際の査定を行う部署です。保険契約の際は告知書に従い、加入できるかどうかや加入の条件を決定します。契約を断るのか、引き受けるのか、また引き受ける場合はどのような条件を付保するのかを総合的に判断します。医務部の仕事は、獲得した契約を断る、条件をつけるなど保険会社の利益とは相反するように思えますが、適切な内容で契約するためには欠かせない仕事です。

アンダーライター
新契約の契約内容や保険金額が妥当かどうかを判断する人。

会社によってこの部署を医務部もしくは、医務査定部と呼びます。また、その業務に就く人のことをアンダーライターと呼ぶこともあります。

140

保険会社の組織図の例

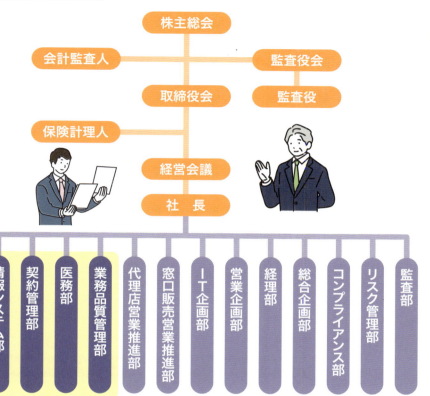

この会社の場合はこの部署が後方支援部門に当たる

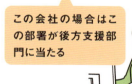

👉 ONE POINT

保険はいつから適用される？

生命保険の加入を申し込んだからといって、すぐに保障が開始されるわけではありません。契約上の責任を負う日は保険約款に記載されており、保険会社が保険金や給付金の支払いを開始する日が決められています。これを責任開始日（期）といいます。保険会社は「申込書の提出」「告知や診査」「第一回の保険料の払い込み」の3つがすべて完了した日から契約上の責任を負うことになります。

Chapter5

14

保険料や責任準備金の算出を行う

数理業務のプロ「アクチュアリー」

生命保険の保険料はアクチュアリーと呼ばれる保険数理のプロが算定しています。アクチュアリーは統計学や確率論などの数理的手法を取り扱う数理の専門家です。

アクチュアリーの仕事

アクチュアリーは、保険料の料率設定や商品開発などを行っています。保険会社は、契約者に対して保険金を必ず支払えるようにしておかなければなりません。そのために求められているのが、適正な保険料の算出です。長期的なリスクや死亡率などを考慮して、保険金支払い能力を確保できる保険料を設定する必要があります。それを実現するのがアクチュアリーです。

また、保険料の算出だけではなく、収益構造の分析や商品開発、責任準備金の算出も行います。決算や将来の収支分析に携わることもあります。

高いハードルの日本アクチュアリー会正会員

日本では、保険業法において各保険会社に、保険料や責任準備金の算出を行う保険計理人を選任することを義務付けています。保険計理人になるためには、日本アクチュアリー会の正会員かつ5年以上の実務経験などが必要とされています。

また、厚生年金基金制度や確定給付企業年金制度においては、厚生労働大臣に提出するための書類には、厚生労働大臣の認定を受けた年金数理人の署名押印が義務付けられています。確定給付企業年金制度などを取り扱っている生命保険会社には、保険数理人が欠かせません。保険計理人になるための要件の1つが日本アクチュアリー会正会員であることです。

日本アクチュアリー会の正会員になるためには、1次試験と2次試験の両方に合格する必要があります。この試験は非常に難易度が高く、日本アクチュアリー会によると、正会員資格を取得するまでの平均年数は8年程度とのことです。

日本アクチュアリー会
1899年に創立された団体。アクチュアリーの研究調査や教育、資格試験の実施などを行っている。

▶ アクチュアリーになるための流れ

```
          大　学
            ▼
企業でアクチュアリー業務に従事（生保・損保・信託銀行・官公庁など）
            ▼
    アクチュアリー資格試験　基本科目5科目合格
            ▼
         アクチュアリー会準会員
            ▼
    アクチュアリー資格試験　専門科目2科目合格
            ▼
       プロフェッショナリズム研修
            ▼
         アクチュアリー会正会員
```

通常日本において「アクチュアリー」とは、日本アクチュアリー会の正会員を意味します。正会員になるための試験は難易度が高く、ほとんどの人が企業でアクチュアリー業務に携わりながら合格を目指します。

ONE POINT

アクチュアリーの起源とは？

アクチュアリーの起源は17世紀のイギリスにさかのぼります。生命保険という新しいビジネスを立ち上げる際に、加入者の負担を公平にするために、確率論や統計学を用いて保険料を算出した専門家がその始まりといわれています。現在、数理の専門家であるアクチュアリーは、生保だけでなくさまざまな分野で活躍しています。

Chapter5
15

会社の業務全般に対する知識が必要

ネット時代の大黒柱
「システム開発部門」

保険業界で、営業部門や保険支払い部門などの業務を陰に日向に支えているのが業務システムです。システム開発部門では、新商品の提案や利便性の向上のために日々開発が行われています。

生命保険会社に必要不可欠なシステム

生命保険会社では、契約者の管理や設計書の作成、保険金の支払いなどのすべての業務に、独自に開発したシステムを利用しています。システムの保守、企画開発は社内のシステム開発部で行われています。

保険会社のシステム運用や開発に携わるためには、生命保険の知識だけでなく、生命保険会社の業務に精通している必要があります。業務には一連の流れがあり、それを知らなければ実際に使えるシステムにはならないからです。

また、生命保険会社のシステム開発部門だけでは、システム開発や保守などを行うことはできません。よって、生命保険会社のシステム開発部門は外部の協力会社のリソースを使ってスムーズな運用を行っています。

また、近年ではインターネット上で顧客が見積もりを作成できたり、契約内容を確認できる機能を備えた生命保険会社のウェブページも増えており、システム開発部門の重要性は今後ますます高まっていくと考えられます。

合併や統合によるシステムの変更や統合

生命保険業界においては、大きな業界再編は今のところないものの、中小規模の生命保険会社の合併は行われてきました。

合併によって、業務スキームなどが変更されますが、なかでも大きな問題がシステムです。どちらのシステムを使うのか、それとも新しいシステムを開発するのかを判断しなくてはなりません。どちらにしても、システムの変更や開発が求められるため、システム開発部門は多忙を極めます。

144

▶ システム開発部と協力会社の仕事の分担の例

	保険会社のシステム開発部	外部の協力会社
システム開発	開発規模が小さい場合は社内で対応	エンジニアやプログラマーが知恵を出し合って開発を進める
システム運用	主業務	システムリリース後の定着期間のみ
システム保守	主業務 社内各部門からの問い合わせ、不具合連絡の一時対応を行う	バグ修正、仕様変更などのシステム改修

システム開発部の担当者には、生命保険に関する知識だけでなく、会社の業務全般に対する理解が求められます。業務の一連の流れが把握できていなければ、使いやすいシステムを開発することができないからです。

▶ インターネットでの保険料見積もりの例

👍 ONE POINT　インターネットでの保険の申し込み

近頃はどの保険会社でもインターネットでの保険の検討・申し込みが手軽にできるようになりました。契約の方法を調査したアンケート結果によると、2018年の調査では「インターネットを通じて」と答えた人は全体の3.3％を占めています。2015年の調査では2.2％でしたので、少し増えてきています。ネットで申し込みをした人にメリットを聞くと「自分の好きな時間に申し込みができる」「短時間で見積もりがとれる」などの点が挙げられています。このような意見を反映させながら、システム開発部ではさらに利便性のよいしくみを構築しています。

COLUMN 5

インターネット生保の業務

インターネット生保の動向

インターネット生保は、従来型の生命保険会社と比較するとオフィス費用や人件費などの事業費が少なく、割安なコストを実現しています。ライフスタイルや働き方の多様化によって、安価な保険料で保障を得たいと考える若年層を中心に人気を集めています。

しかし、インターネット生保が相場よりも手頃なことが多いにも関わらず、シェアは大きく伸びていません。2018年に行った生命保険文化センターの調査によるとインターネットを通じて生命保険に加入した人の割合は、全体の3.3％でした。とはいえ、インターネット生保の先駆けであるライフネット生命の契約件数は10年連続で増加、2008年度末から2019年度末までの期間に60倍弱の増加をみせています。インターネットを通じて保険に加入した契約者の年齢層を確認すると、40歳から44歳では全体の8.8％と大きな存在感を示しています。

今後の成長が見込まれるインターネット生保

インターネット生保は保険料の安さや、自宅からでも加入手続きが完結する点がメリットといえますが、契約内容の理解や、保険金請求、契約変更などの手続きの面では、対面型販売に劣る部分が少なくありません。従来の営業職員や代理店による販売であれば、何かあったときに気軽に連絡して対応してもらえるという手軽さがありました。

また、生命保険の商品は複雑でわかりにくいという固定概念から、自分自身で保障を組み立てなければならないインターネット生保は広がりにくいとも考えられます。比較的補償内容がわかりやすく保険期間が短い自動車保険でも、通販型損保のシェアは全体の7～8％程度にすぎません。

しかし、これから平成生まれのデジタルネイティブ世代が生命保険業界のメインターゲットになることから徐々にインターネット生保のシェアも高まると考えられます。

第6章

損害保険の基礎知識

損害保険は、偶然のリスクによって生じた損害をカバーするための保険です。第6章では損害保険の種類やしくみを基礎から解説します。物的・人的・賠償責任の3分類、保険料や保険金額の算出、業界の再編の動きなどを理解しましょう。

Chapter6
01

損害保険の対象と基本的な考え方

損害保険とは

損害保険とは、火事や交通事故、偶然起きたケガなどで生じた損害を補償する保険です。まずは損害保険の定義や保険金の支払い方法、生命保険との違いについて理解しましょう。

損害保険は「モノ」を対象とする保険

生命保険は「人」の「生命」が補償の対象ですが、損害保険のほとんどは、「モノ」が補償の対象です。

例えば、火災保険は建物やその付属物が、自動車保険は「自動車」が補償対象です。

また、損害保険には「行為」を補償の対象としている賠償責任保険もあり、一般的に知られている賠償責任保険には、個人賠償責任保険や、ゴルファー保険などがあります。どちらも、他人の財物に損害を与える、もしくは他人にケガを負わせた場合に、実際の損害に対して、保険金額を上限に支払うものです。

自動車保険
自動車保険の補償対象は「自動車」であるが、人身傷害保険や搭乗者傷害保険、自損事故保険などもある。

ゴルファー保険
ゴルフのプレーや練習中に偶然に起こった事故や損害を補償する。補償内容は、自身のケガの治療やゴルフ用品の破損や盗難などのほか、他人に対する賠償も含まれる。

損害保険は実際の損害を補償する

損害保険の保険金の支払いは、実際に生じた損害を支払うという実損払いです。

これに対して生命保険の保険金は、あらかじめ契約で定められている金額を支払う定額払いが中心です。

例えば生命保険分野の死亡保険の場合、すべての加入期間中にその人の価値を一律の金額に置き換えるのは難しいため、保険契約で定められた金額を定額払いで支払うしくみになっています。そのため定期保険や終身保険の死亡保険金額は、例えば1,000万円などというように契約の際に金額を定額で取り決めて、死亡事故などが発生した場合にはその金額を支払うわけです。

これに対して損害保険は自動車や建物など主にモノを対象に保険契約をするため、モノの価値を金銭に評価して算出することが可能です。

つまり、購入した自動車の新車で購入した際の金額やその後何

損害保険と生命保険の違い

	損害保険	生命保険
補償の対象	主にモノ	主に人の生命
保険金の支払い方法	実損払いが中心	定額払いが中心
種類（主な例）	■火災保険 ■自動車保険 ■地震保険 ■賠償責任保険 など	■定期保険 ■養老保険 ■終身保険 ■個人年金保険 など

損害保険では、実際に生じた損害に対して保険金が支払われます。

年かの使用による消耗分を考慮した金額に置き換えることができるのです。しかし実際の損害を超える金額の損害保険契約ができて保険金が支払われてしまうと、その人はいわゆる焼け太りすることになります。

保険事故が発生した結果、損害額よりも多くの保険金を受け取って利益が出てしまったら、損害があったほうがよくなってしまい、保険金詐欺などが横行してしまいます。そうしたことがないように自動車保険や火災保険などの契約においては、保険の対象となるモノの適正な評価額を超えるような契約はすることができないのです。これが実損払いです。

損害保険と生命保険は同じ保険でも保険金の支払いについて、このように根幹的な考え方にも違いがあるのです。

焼け太り
損害保険を実際の損害額よりも多く受け取って、利益を出すこと。

保険金詐欺
保険金を搾取する目的で偽の事故報告などをすること。

Chapter6
02

損害保険の補償対象

損保は「物的」「人的」「賠償責任」の３分類

損害保険の補償対象は、主に「物的」「人的」「賠償責任」の３つに分類されます。損害保険会社の代表的な保険である自動車保険は、この３つの分類の補償を組み合わせたものです。

物的保険

物的保険の主なものには、自動車保険や火災保険があります。自動車保険の場合は、自動車本体を補償する車両保険、自動車に積んであった荷物の損害を補償する身の周り品補償特約や手荷物特約がこれに該当します。

また、家そのものを補償する火災保険、家のなかの家具や衣服、家電などを補償する家財保険なども物的保険の一部です。このほかにも、動産総合保険や海外旅行保険の一部である盗難保険なども物的保険といえます。最も身近な物的保険といえば、スマートフォンの水没や破損をカバーする保険です。

人的保険

無保険車傷害保険
事故を起こした相手方が自動車保険に加入していないなどの理由によって十分な補償が得られない場合に、自分が契約している自動車保険から補償を受けるために加入する保険。

人的保険は、自動車保険の人身傷害保険や搭乗者傷害保険、自損事故保険、無保険車傷害保険などです。人身傷害保険は実損形式で、実際に発生した損害額が支払われます。搭乗者傷害保険や自損事故保険、無保険車傷害保険は、定額方式です。損害保険会社が取り扱う、自動車事故以外のケガを補償する傷害保険は、損害保険の人的保険ではなく、第三分野の保険です。

賠償責任保険

実損形式
生じた損害の実費を保険金として支払う方式。人身傷害保険においては、治療費や薬代、休業損害や慰謝料などが実損払いで支払われる。

賠償責任保険とは、保険契約者や被保険者によって、第三者に損害を与えた際の賠償を担うものです。自動車保険（任意保険）の対人賠償責任保険や対物賠償責任保険、自賠責保険、個人賠償責任保険、また、ゴルファー保険などが該当します。

自動車保険の対人賠償責任保険は、交通事故などによって他人にケガをさせたり、死亡させたりした場合に、保険金額を上限に

150

損害保険の3分類

分類	主な保険
物的保険	■車両保険（自動車保険） ■火災保険
人的保険	■人身傷害保険（自動車保険） ■搭乗者傷害保険（自動車保険） ■自損事故保険（自動車保険） ■無保険車傷害保険（自動車保険）
賠償責任保険	■対物賠償責任保険（自動車保険） ■対人賠償責任保険（自動車保険） ■自賠責保険（自動車保険） ■個人賠償責任保険 ■ゴルファー保険

自動車保険のしくみ

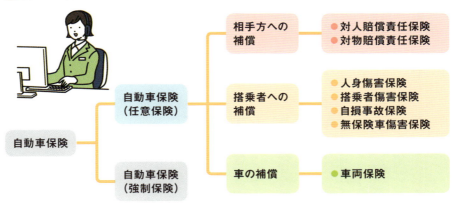

相手への賠償金を支払う保険です。ケガの治療費や通院交通費、休業損害などを支払いますので、人的保険と考えられがちですが、契約者や被保険者の行動をもとに引き起こされた他人への損害を賠償するので、賠償責任保険に該当します。

第6章 損害保険の基礎知識

Chapter6 03

損害保険の保険料の計算方法

保険料は「リスクの度合い」と「発生率」から算定

損害保険の保険料は、補償内容や保険金額によって異なります。また、事故が発生するリスクや発生率も大きく影響します。ここでは、損害保険の保険料の算定方法を説明します。

保険料を決めるリスクの度合いと発生率

純保険料
保険会社が保険金を支払うために必要なお金。

付加保険料
保険会社を運営していくために必要な経費。従業員の人件費や、代理店に支払う手数料などがこれに当たる。

損害保険の保険料は、純保険料と付加保険料を合計したものです。付加保険料は、保険の内容などに左右されることがない部分ですので、保険内容によって変化することはありません。しかし、純保険料は補償内容などによって大きく異なります。例えば、自動車保険では運転者の年齢や車種別の事故率、都道府県別の交通事故の発生率などで保険料率を決定していきます。

さらに、補償内容や保険金額が保険料に大きく影響します。例えば、車両保険を付保すると保険料は高額になりますし、人身傷害保険の保険金額を高額にすれば、保険料も上昇します。最終的には、「保険金額×保険料率」によって純保険料が算定されます。

損害保険の保険料は、事故が発生するリスクや発生率、そして保険金額によって算定されます。

なお、積立型損害保険の場合は、積立部分の保険料が加算されます。

損害保険料率算出機構
保険料の料率算定や、自賠責保険の損害調査、データバンク業務を執り行う組織。2019年7月現在、35社が同機構に加盟している。

損害保険料率算出機構が参考純率・基準料率を算出

火災保険、自動車保険などの損害保険の保険料率は保険会社ごとに自由に決めてよいことになっていますが、ゼロから自由に決めるのではなく、損害保険料率算出機構が算出した料率をもとに算定することになっています。

参考純率
損害保険会社が保険料率を算定する際に利用する純保険料率の参考値で、損害保険料率算出機構が算出している。なお、一般には開示されていない。

損害保険料率算出機構では、保険会社が提出したデータを参考に毎年、参考純率・基準料率を算出し損保各社に提供しています。

参考純率とは、保険料率のうちの純保険料率に相当する部分の保険料で付加保険料率は含みません。参考純率は、自動車保険や火災保険、海外旅行保険など多くの損害保険種目の参考数値とし

▶ 保険料率の内訳

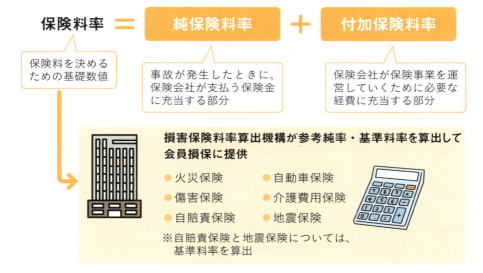

▶ 参考純率・基準料率の決定方法

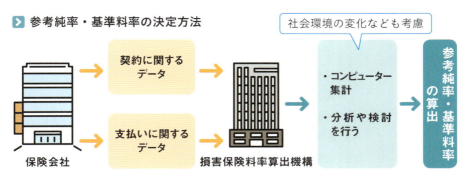

て提供されています。損害保険料率算出機構は、この参考純率が適正かどうかを毎年度検証しており、適正な水準にない場合には改定を実施します。

　損害保険の各種目の保険料率は自由化されていますが、強制保険である自賠責保険と政府がそのしくみに関与している地震保険については各社同じ保険料率を使います。

　損害保険料率算出機構では、純保険料率と付加保険料率を合わせたものを、基準料率として算出して各損害保険会社に提供しています。

基準料率
損害保険料率算出機構が、自賠責保険と地震保険について算出する保険料率。この2つの保険について損害保険各社が一律の保険料率を使用する。

Chapter6
04

事故を起こしたときの支払額の決め方

過失割合や免責の算定の判断

損害保険のなかで、主に自動車保険の支払保険金を算定する際に重要となるのが過失割合です。また、損害保険会社が交通事故を受け付けた際に、保険の対象となるかどうかを判断する有無責判断も重要となります。

過失割合は判例タイムズを参考に話し合いで決定

保険事故
損害保険においては、保険金請求があった案件を「保険事故」と呼ぶ。一般的には車同士や車と人が衝突したものを事故と呼ぶが、自動車に小石が飛んできたものや、自動車にいたずら書きをされたような案件でも保険事故と呼ぶ。

自動車保険で、対人賠償責任保険や対物賠償責任保険に加入している場合は、他人との接触事故などを起こすと、それぞれの保険から相手へ損害賠償金が支払われます。相手への損害賠償は、損害賠償金の総額に双方の過失割合を乗じた金銭を支払います。過失割合は保険会社が一方的に決めるのではなく、過去の判例などをもとに当事者同士が納得する割合を決定していきます。

例えば、物損事故での損害賠償金の総額が100万円で、過失割合が80％と20％に決まった場合は、80％のほうが80万円、20％のほうが20万円を負担します。他人にケガをさせた場合は、対人賠償保険から過失割合に応じた治療費や慰謝料などが支払われます。ただし、対人賠償保険は自賠責保険の上乗せという位置づけです。自賠責保険の上限金額を超えた部分について過失割合が適用され、自賠責保険の範囲内であれば被害者側に大きな責任がある場合のみ重過失減額として損害賠償金が減額されます。

損害賠償金
示談が終了した際に支払われるため、示談金とも呼ばれる。交通事故における損害賠償金は、損害項目によって異なる。対物賠償保険で、損傷させた物が自動車であれば、修理代やレッカー代、代車費用、休業損害などが主な損害賠償金となる。対人賠償保険では、相手の治療費や通院交通費、休業損害や慰謝料、後遺障害の慰謝料や逸失利益などが損害賠償金となる。

損害保険が免責になる場合

損害保険では保険金を支払う場合と支払わない場合が、約款に明確に規定されています。そのため、契約者から事故の報告を受け付けると、担当者が「その事故が保険金を支払えるかどうか」という観点で、事故の状況や契約を確認します。これは、有無責判断と呼ばれ、すべての事故で行われています。

報告された事故が、約款の「保険金を支払わない場合」に規定されている状況だった場合は、保険会社は保険金を支払うことはできず「免責」であることを契約者に通知します。

自動車保険では契約者本人が自分の車をわざと損傷させた場合

損害賠償金の支払額の例

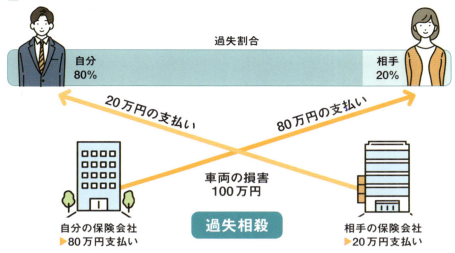

免責算定の判断の流れ

や、対物事故の相手が配偶者や子ども、親だった場合などに、火災保険では故意の火災などの場合に免責となります。

 ONE POINT

判例タイムズ

「判例タイムズ」は、株式会社判例タイムズ社が発刊している判例集です。同社からはさまざまなジャンルの判例集が発刊されています。例えば、損害保険会社が交通事故の過失割合の判断の基準にしているのは、「別冊判例タイムズ38号　過失相殺の認定基準」。同書には、多種多様な交通事故の過失割合が掲載されており、実務上ではこの過失割合に準拠した形で示談交渉が進められています。

Chapter6
05

満期時に返戻金や配当金が支払われる

損害保険にも積立型がある

損害保険は、原則として契約した保険金額を上限に実損払いで保険金が支払われるしくみになっています。支払った保険料は返還されない掛け捨て型が中心ですが、積立型の損害保険も存在します。

積立型損害保険

積立型損害保険とは、保険本来の保障機能に加えて、満期時には満期返戻金や配当金が支払われるタイプの損害保険です。主な商品として積立型の火災保険や傷害保険などが挙げられますが、そのほかに年金払積立傷害保険、確定拠出年金に対応した積立傷害保険などもあります。ただし、積立型の損害保険は、保険期間（契約期間）が長期（多くは3年以上）のものが多く、保険料も積立部分の保険料が加算されることから通常の損害保険より高額になります。また、積立型損害保険は、低金利の影響を受けて満期返戻金の返戻率も低下しており、近年の市場は縮小傾向です。

なお、一般社団法人日本損害保険協会に加入している保険会社のうち、9社が積立型保険を取り扱っています（2019年6月13日時点）。

年金払積立傷害保険

年金払積立傷害保険は損保年金ともいわれ、確定型や保証期間付の有期型の2タイプで終身型はありません。保険の種類は個人年金ではなく、損害保険に該当するためケガによる死亡や後遺障害の補償がついています。一般の契約者向けとしては多くの損保で販売を終了しています。

年金払積立傷害保険は、保険の種類が個人年金ではないため、生命保険料控除の対象にはなりません。ただし、契約期間の初日が2006年12月31日以前の契約で、2007年1月1日以降に保険料の変更を伴う契約の変更をしていないという条件を満たす場合は地震保険料控除（旧長期損害保険料の区分）の対象として保険料控除の対象とすることができます。

満期返戻金
満期返戻金は、契約が満期まで存続しており、保険料を支払い終わっている場合に、支払われるお金のことをいう。生命保険分野では、学資保険や終身保険、個人年金保険、養老保険などが積立保険であり、満期返戻金を受け取り可能である。

一般社団法人日本損害保険協会
国内の損害保険会社28社が加入する団体。1917年に設立された日本聯合火災保険協会が起源である。2012年に一般社団法人に移行し、現在に至る。主な事業の内容は、損害保険の普及啓発及び理解促進に関する事業や、損害保険契約者などからの相談対応、苦情や紛争の解決などがある。

積立型傷害保険の払込保険料と給付金の例

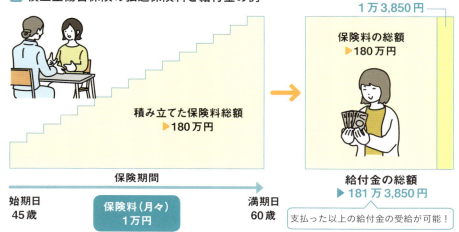

積立型損害保険のメリットとデメリット

メリット	デメリット
●貯蓄もできる ▶保険本来の保障機能に加えて、満期時には満期返戻金や配当金が支払われる ●積み立てたなかからお金を借りられる ▶解約返戻金を担保としてお金を借りることができる契約者貸付制度がついた商品もある	●保険料が高い ▶掛け捨て型に比べて保険料が高くなりがち ●早期解約すると損をする ▶早期解約すると払い込んだ保険料よりも解約返戻金ほうが少なく、元本割れすることが多い ●インフレに弱い ▶契約時の金利で固定されることが多いため、低金利時に契約すると、物価が上昇すると実質的な利率が下がる

ONE POINT
積立型損害保険は1970年代に増えた保険商品

積立型損害保険は1970年代から増加し始めました。ライフスタイルの多様化などによって、万が一の際の補償を用意しておきたいというニーズもあり、各保険会社から、さまざまな積立型損害保険が販売されてきました。現在は低金利の影響を受けて市場が縮小傾向です。

損害保険での保険金支払いの手順

事故発生から保険金支払いまでの流れ

損害保険の保険金支払いは、契約者が保険会社に事故報告をすることで手続きが開始されます。事故報告の方法、損害調査や示談交渉など、保険金支払いまでの流れについて解説します。

契約者による事故報告と事故受付

保険の支払いを受ける場合、まず損害保険を契約している契約者や保険代理店が、保険会社に事故発生を報告することからスタートします。近年では、電話だけでなくメールやLINE、ウェブフォームなどさまざまな方法での事故報告が可能です。事故報告の際は、証券番号や事故発生の日時、場所、事故の状況や被害者の有無、通院先や自動車の修理先などが必要です。

次に、保険会社は事故を受け付けると、契約者から聴取した情報をもとに事故登録を行います。事故登録が完了すると、保険金支払いを担当するサービスセンターや査定などと呼ばれる部署に事故情報が転送され、担当者が当該事故は保険金が支払われる場合に合致するかどうかを判断することになります。

損害調査や示談交渉

保険金の支払いが可能な事故であった場合は、事故の状況の調査や損害の確認が行われます。

火災保険の場合は保険会社の社員や調査会社が、損害状況を確認します。自動車保険の場合は、アジャスターが自動車の損害箇所の確認と必要な修理代の査定を行います。また、対人賠償責任保険や人身傷害保険の請求がある場合は、賠償社員や賠償主任が被害者との折衝や必要書類の確認を行います。傷害保険では、契約者が提出した診断書や、医療機関から取り寄せた診断書などをもとに支払い保険金額を算定します。

なお、対人賠償責任保険や対物賠償責任保険などは損害確認と同時並行して、被害者との示談交渉が進められます。これらの保険金は原則として示談が完了しなければ支払われません。

アジャスター
車の鑑定を専門とする専門家。損害保険会社の社員アジャスターだけでなく、独立アジャスターも存在する。損害箇所の確認や正当な修理費の査定だけでなく、事故現場の調査も行う。

賠償社員／賠償主任
保険会社によって呼び名は異なる。多くの保険会社では、人身傷害保険や対人賠償責任保険などでのケガ人の対応は専門の社員が行うことが多い。賠償社員や賠償主任の多くが男性社員である。

保険金の支払いまでの流れ（自動車事故の場合）

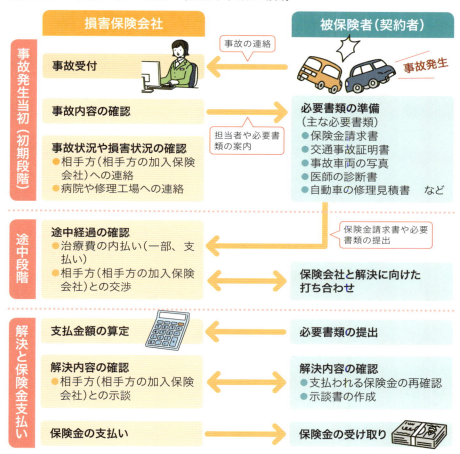

保険金の支払い

　損害調査が完了し、必要な書類の手配が完了したら、保険会社から契約者、もしくは被害者やその他契約者が指定する修理先などに保険金が支払われます。
　保険金の支払いまでの所要日数は事故の程度や保険金の種類によって大きく異なりますが、傷害保険であれば書類が揃ってから数日で支払われることがほとんどです。なお、自動車保険の車両保険は、事故報告の翌日に支払いが完了することもあります。

Chapter6
07

巨額な保険金を支払うリスクに備える、保険会社のための保険

大損害のリスクを分散する再保険

損害保険は、災害の際の個人や法人の資産を守るために重要な役割を果たしています。大きな災害が発生すると保険会社が巨額の保険金を支払うことになりますが、そのリスクに備えているのが再保険です。

再保険のしくみ

再保険とは、保険金の支払いに備える保険会社のための保険です。石油コンビナートやタンカーなど巨額の保険金額を保有する契約者から保険金請求があったり、大災害が発生したりすると、保険会社は一度に巨額の保険金を支払わなければならず、経営に打撃を受けてしまいます。そのリスクを軽減するのが再保険です。

保険会社は、再保険会社に再保険料を支払い、支払った保険金の全額や一部を再保険金として再保険会社に請求します。再保険は再保険、再々保険、再々再保険と幾重にも補償を張り巡らしています。再保険には専門の保険会社があり、日本で代表的な再保険会社はトーア再保険株式会社です。また、専門の保険会社だけでなく、通常の損害保険会社も再保険を取り扱う子会社や部門を有していることもあります。例えば三井住友海上は、2015年にイギリスの再保険に強い損害保険会社のアムリン社（現MSアムリン）を買収して、再保険部門の事業規模が世界15位に浮上しました。

海外に広がる再保険のネットワーク

再保険は、日本国内だけでなく海外の保険会社でも契約されています。国内の企業のみで再保険が完結した場合、日本で大規模な災害が発生したときにリスクを国内で吸収しなければならず、共倒れになる可能性があるからです。東京海上や損保ジャパンホールディングス、三井住友海上などの3メガ損保は、世界にリスクを分散すべく外資系の再保険会社との業務提携や、外資系の再保険会社の買収に余念がありません。

再保険料
再保険料は、再保険契約の保険料であり、再保険契約ごとに取り決められている。

再保険金
支払った保険金の一部または全部を、再保険会社が支払う保険金のこと。

トーア再保険株式会社
損害保険及び生命保険などの再保険を専門に扱う総合再保険専門会社。1940年に日本の損害保険会社の共同出資によって設立された。

▶ 再保険の機能

▶ 契約者・保険会社・再保険会社の関係

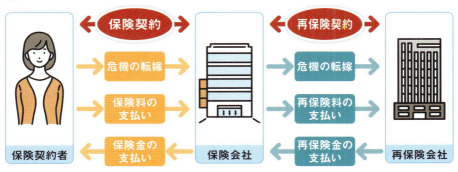

ONE POINT

再保険の歴史

現在わかっている最も古い再保険は、14世紀にイタリアで契約された海上保険の再保険であるといわれています。その後ヨーロッパ各地に広がり、イギリスでは、船主や荷主が集まるロイズコーヒー店で、海上保険や再保険の取引が行われるようになりました。日本では明治40（1907）年以降、さまざまな再保険会社が設立されましたが、すべてが元受会社に合併、もしくは元受会社に変わっています。

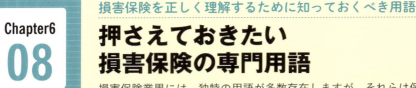

押さえておきたい損害保険の専門用語

Chapter6 08

損害保険を正しく理解するために知っておくべき用語

損害保険業界には、独特の用語が多数存在しますが、それらは保険内容などを確認するために覚えておく必要があります。ここでは、損害保険業界や損害保険を正しく理解するために必要な専門用語を解説します。

▶被保険者
保険の補償を受ける人で、契約者とイコールである場合と異なる場合がある。

▶約款
保険金が支払われる場合や支払われない場合の説明、契約者に求める告知事項など保険契約に関する内容が記載されている。

▶損害率
収入保険料に対する支払った保険金の割合。「損害率＝保険金÷保険料」で算出する。通常は、保険金に損害調査費を加えて除した割合を指す。

▶示談交渉サービス
保険会社による示談交渉のサービス。自動車保険では交通事故の相手方、賠償責任保険などでは被害者との示談を行う。

▶告知義務
保険契約の際、契約者が損害の発生または給付事由の発生の可能性に関する重要な事項について申し出る義務のこと。

▶再調達価額（新価）
現在住んでいる建物と同等の建物、所有している家財と同等の家財を新たに建築もしくは購入するために必要な金額のこと。主に火災保険契約では再調達価額で保険金を設定することが多い。

▶時価額
再調達価額（新価）から経過年数や使用による消耗分を差し引いた金額。例えば自動車の車両保険では、車両金額を時価額で設定するため、毎年車両金額が減額されていく。

▶全損
保険契約の対象物が修理不可能になる、または修理する場合の費用が再調達価額や時価額を超える状態をいう。火災保険では、火災で全焼した場合は全損となる。修理不可能な状態を現実全損といい、修理は可能だが再調達価額や時価額を超える場合は経済的全損と呼ぶ。

▶免責金額
保険金が支払われる事故が発生した場合に、契約者が負担する金額のこと。例えば車両保険で免責金額5万円と設定していた場合は、契約車両の修理金額から5万円を差し引いた保険金が支払われる。

▶ **直扱い**
代理店型損害保険会社において代理店を介さずに、契約者と保険会社が直接結んでいる契約。大企業の契約は直扱いになるケースが少なくない。

▶ **集団扱い**
企業や官公庁の社員や職員が集団扱契約で自動車保険や損害保険などを契約した場合の保険料の支払い方式。通常の保険料と比較すると低額になる場合が多い。

▶ **記名被保険者**
契約した自動車を主に使う人。年齢条件などは記名被保険者を基準に考える。

▶ **ノンフリート料率**
自動車の保有台数が9台以下の契約者に適用される保険料の料率。

▶ **フリート料率**
10台以上の自動車を保有している契約者の保険料の料率。

▶ **等級別料率制度**
ノンフリート料率が適用される個人または法人の契約で広く用いられている制度。1等級から20等級に分かれており、等級が低いほど保険料が高く、等級が高いほど保険料の割引率が上がる。保険金を請求すると、等級が低くなったうえに事故あり係数という割高の等級制度に一時的に移行する。

▶ **部位症状別払い**
損害保険会社が提供する傷害保険や、自動車保険の搭乗者傷害保険の保険金支払い方法の1つ。ケガの部位や症状によって保険金が支払われる。「捻挫で5日以上の通院の場合は10万円」などと定められている。完治前に保険金が支払われるため、契約者にとっては利便性が高い。

▶ **日数払い**
傷害保険や自動車保険の搭乗者傷害保険の保険金支払い方法の1つ。ケガの部位や症状を問わず、通院日数や入院日数に応じて、契約時に決めた日額の保険金が支払われる。通院日額1万円の場合は、10日通院したことが確認されると10万円が支払われる。

 ONE POINT

金融庁の役割

金融庁は、2000年7月に当時の金融監督庁と大蔵省金融企画局が統合して発足した行政機関です。その役割は、金融制度の企画・立案、法案の作成などですが、保険会社の業務の監視も重要な役割の1つです。金融庁は保険会社の業務を監視監督するために、定期的に保険会社に対する検査を行っています。損害保険会社が保険金不払いや個人情報流出などを起こした場合は、金融庁に必ず届け出なければなりません。

Chapter6 09

市場の9割弱を占める3メガ損保体制と今後の展望

損保業界再編の動き

損害保険業界は、長らく合併や業務提携などの再編の動きが続いてきました。大手損害保険会社が合併して、2019年では3メガ損保が損害保険市場の9割弱を占めています。損害保険業界の再編の流れと今後の展望を解説します。

再編された損保業界と今後の展望

3メガ損保
SOMPOホールディングスと、東京海上ホールディングス、MS&ADホールディングスの3社をいう。2010年の各社の合併により、3メガ体制が誕生した。

　損保業界の再編のなかでも注目すべきは、**3メガ損保**と呼ばれる巨大損保グループです。SOMPOホールディングスは、損保ジャパン、SOMPOひまわり生命、セゾン自動車火災を有しています。このなかで、損保ジャパンは3メガ損保の一角を担う損害保険会社です。

　3メガ損保となり、各損害保険会社の経営は盤石化したかのように思えます。しかし、損害保険会社の収益の半数を占めている自動車保険は、自動車保有台数の減少、高齢ドライバーの事故や

損保業界の再編構図

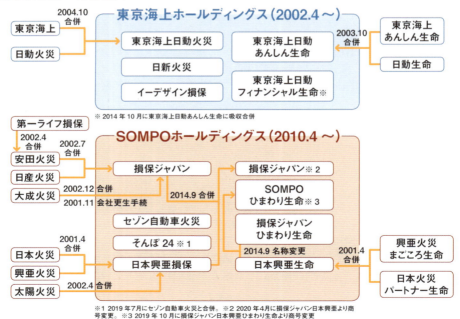

※1 2019年7月にセゾン自動車火災と合併。※2 2020年4月に損保ジャパン日本興亜より商号変更。※3 2019年10月に損保ジャパン日本興亜ひまわり生命より商号変更

災害による支払保険金の増加などの問題に直面しています。

また、火災保険は住宅の新築着工件数の伸び悩みもあって契約増が望めず、さらに台風や地震などの自然災害の増加によって高い損害率が続いているため、苦しい状況に直面しています。

この状況を打破すべく、損害保険会社各社は欧米や東南アジア、アフリカや南米などで現地法人への出資や保険営業免許の取得を進めています。また、各社は革新的な保険商品の開発にも余念がありません。例えば、車を所有しないものの運転する機会がある層に訴求する「1日単位の自動車保険」や、「高齢者が孤独死した場合の家賃損失を補償する火災保険の特約」など世相を反映した商品も多数投入されています。

ほかにも通販型損害保険会社（ダイレクト系損害会社）と呼ばれる損害保険会社があります。ソニー損保やSBI損保など、インターネットや電話での契約が可能で、保険料が割安であることから若年層を中心に人気を集めています。

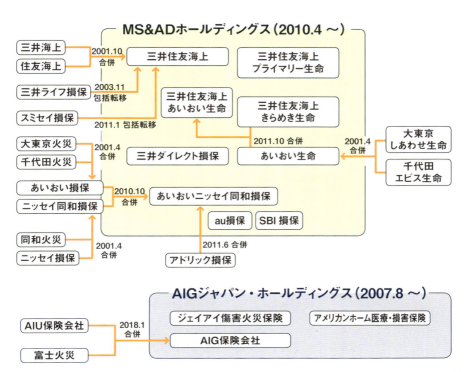

COLUMN 6

保険会社に求められる人材

保険会社では
どんな人材が求められている?

　就職を考えている文系学生にとって、保険会社は魅力のある企業の1つで、根強い人気があります。しかし、一口に保険会社といっても、総合職や一般職といった雇用契約の違いや職種によって、求められている人材は大きく変わります。

　総合職では、上司・上席からの指示のとおりに業務を遂行する能力と、業務を完遂するためのマネジメント能力が必要です。

　一般職の場合は、責任感がある人物が求められます。与えられた業務を確実に積極的にこなす能力と、規律に従って確実に業務を遂行する能力の両方を兼ね備えているタイプは高く評価されます。

保険会社で
活躍できる人の特徴

　保険会社の総合職で活躍できる人の特徴としては、「仕事を生きがいにできる」ことが挙げられます。

　総合職は原則として転勤を伴い、

業務もハードになることから、仕事を中心としたライフスタイルにならざるを得ません。残業時間の抑制などの施策を行っているものの、全員が定時に帰宅できる状態にはなっていないのが現状です。

　プライベートを重視して、毎日定時に帰宅するといった働き方は望めない可能性が高いですが、仕事をすることや出世を求めることにやりがいを見出だせる人にとっては、活躍の場が広がります。

　保険会社の一般職で活躍できるのは、「責任感があり、協調力に長けている人」です。

　一般職社員の業務は保険の契約や保険金の支払いといった、契約の条件に沿って適切な判断が求められる仕事が中心です。そのため業務を担う責任は大きく、常に間違いがないように手続きを進めなければなりません。また、顧客対応に当たる部署では、相手の気持ちをくみ取り、共感しながら業務を進めることが必須となります。「人と話すのが好き」というタイプが大いに能力を発揮できる職場です。

第7章
損害保険会社の
ビジネスのしくみ

損害保険会社には、いつ発生するかわからないリスクに備え、万が一のときには人々の暮らしや企業活動を守るという使命があります。第7章では損害保険会社のビジネスモデルと取り扱っている主な保険の特徴について説明します。

Chapter7
01

保険料収入と保険金支払いのバランス

損害保険会社の利益の構造

損害保険会社の利益構造はどうなっているのでしょうか。3メガ損保の一角を担う東京海上ホールディングスの決算を参考にしながら、損害保険会社の利益構造を確認していきましょう。

収益の主体は保険料収入

損害保険会社の収入の主体は、保険料収入です。損害保険会社では有価証券の売買などの資産運用も行っていますが、全体に占める割合はわずかです。

例えば、東京海上ホールディングスが発表した2019年の期末決算では、経常収益約5兆4,767億円のうち、保険引受収益は約4兆7,696億円でした。一方、資産運用の収益は約5,892億円で、全体の10%程度です。この収益構造は、ほかの損害保険会社でも大きな違いはありません。

損害保険会社の支出については、その多くが保険金の支払いです。東京海上ホールディングスの場合、保険金の支払いや満期返戻金などの費用が約4兆797億円と大半を占めています。そのうちの約2兆1,099億円が正味支払保険金です。その他の主な支出は、損害調査費などの保険金支払いのための費用、代理店への手数料、保険料を徴収するための費用などです。

新たな収益源を模索する損害保険業界

損害保険会社は、収益の主体となる保険契約者数の伸び悩みから、さまざまな分野への進出を試みています。例えば、SOMPOホールディングスでは、「SOMPOケア」と呼ばれる介護部門の事業を立ち上げています。

SOMPOケアグループでは、在宅介護や施設介護、通所介護など、介護全般に取り組んでおり、上場介護企業の2019年3月期の売上高ランキングでは2位。施設介護でのシニアリビング居室数では、介護業界全体で1位となっています。2018年11月にはパーソナルトレーニングジムを運営するRIZAPグループと業務

保険引受収益
正味収入保険料と収入積立保険料などを足したもの。

損害調査費
自動車保険や火災保険の保険金を支払うために必要な調査を行うための費用。社外のアジャスターや損害調査会社に支払う費用もここに含まれる。

代理店への手数料
保険契約数や契約金額に応じて損害保険会社から代理店（代理店系損保）に支払われる手数料。

▶ 東京海上ホールディングスの経常損益

（単位：百万円）

	前連結会計年度 （自 2017年4月1日 至 2018年3月31日）	当連結会計年度 （自 2018年4月1日 至 2019年3月31日）
経常収益	5,399,115	5,476,720
保険引受収益	4,662,061	4,769,640
正味収入保険料	3,564,747	3,587,400
収入積立保険料	93,752	80,592
積立保険料等運用益	44,573	42,624
生命保険料	953,006	1,053,520
その他保険引受収益	5,980	5,503
資産運用収益	623,948	589,247
利息及び配当金収入	452,491	492,962
金銭の信託運用益	6,892	101
売買目的有価証券運用益	499	6,708
有価証券売却益	132,245	121,973
有価証券償還益	1,198	2,011
特別勘定資産運用益	30,508	—
その他運用収益	44,686	8,114
積立保険料等運用益振替	△44,573	△42,624
その他経常収益	113,105	117,831
負ののれん償却額	10,229	10,229
その他の経常収益	102,876	107,602
経常費用	5,054,175	5,060,389
保険引受費用	4,103,092	4,079,779
正味支払保険金	1,916,944	2,109,949
損害調査費	135,673	141,980
諸手数料及び集金費	703,865	707,591
満期返戻金	187,435	164,761
契約者配当金	47	28
生命保険金等	564,482	492,276
支払備金繰入額	242,829	170,883
責任準備金等繰入額	342,129	287,010
その他保険引受費用	9,684	5,296
資産運用費用	71,339	90,259
金銭の信託運用損	7,168	1,540
有価証券売却損	29,562	18,967
有価証券評価損	6,067	9,835
有価証券償還損	1,244	1,081
金融派生商品費用	14,605	29,648
特別勘定資産運用損	—	3,530
その他運用費用	12,689	25,655
営業費及び一般管理費	856,940	861,365

損害保険会社の収入の主体

資産運用の収益が全体に占める割合は約10％

支出の多くを正味支払保険金など、保険金の支払いが占める

出典：東京海上ホールディングスの2019年3月期有価証券報告書より抜粋

提携して、認知機能低下予防を目指す新プログラムを開発すると発表し、話題になりました。

　また、MS&ADホールディングスでは、MS&ADベンチャーズ株式会社という、国内系保険会社初のコーポレートベンチャーキャピタルを設立しています。MS&ADグループへの貢献が期待できる海外のスタートアップ企業への投資が主な業務です。

スタートアップ企業
創業間もない企業のこと。略して「スタートアップ」と呼ぶこともある。ベンチャー企業とほぼ同義。

第7章　損害保険会社のビジネスのしくみ

Chapter7 02

保険料を各社が自由に算出することが可能に

規制緩和と料率自由化

損害保険は、契約者の損害を軽減させる目的から多くの規制があり、保険料の料率も全社が同一の基準で算定していました。しかし、規制緩和により、料率が自由化されました。

護送船団方式から自由の道へ

1996年以前は、損害保険会社は保険業法によって厳しく規制されており、各社はほぼ同一の商品を同一の保険料で販売していました。これを護送船団方式と呼び、保険会社による差はほとんどありませんでした。

ところが1996年に保険業法が大きく改正されて、これまで規制されていたさまざまな事柄が自由になりました。例えば、損害保険の保険料は、特定の保険料率を使用することが義務付けられていましたが、改正により損害保険料率算出機構が毎年提示する参考純率と基準料率を参考にして、各社が独自に算出することが認められるようになりました。

また、第三分野の保険については、生命保険会社と損害保険会社の両方が取り扱えるようになっています。さらに、損害保険会社が子会社をもつことで生命保険も取り扱えるようになりました。

規制緩和で登場した通販型損保

各社が自由に保険料率を算出できるようになったことによって登場したのが、通販型損保（ダイレクト系損保）と呼ばれる損害保険会社です。従来の損害保険会社では、代理店が契約者と保険会社に間に入り契約を仲介していたのに対し、通販型では代理店が存在せず、契約者と保険会社が直接契約の手続きを行います。

通販型の場合、代理店に支払う手数料や各地の拠点の賃料などの経費が不要となり、リーズナブルな保険料で損害保険を提供できるため、注目を集めました。最初に参入したのはアメリカンホーム社で、リスク細分型の自動車保険を通信販売で販売。その後、アクサ損保やソニー損保など、通販型損保が次々と誕生しました。

保険業法

保険業が健全かつ適切に運営されることを目的とした法律。1996年4月1日に全面改正されて施行された。

護送船団方式

最も体力のない企業に足並みを揃え、監督官庁がその産業全体を管理・指導しながら保険会社全体の存続と利益を確保すること。船団を護衛するとき、最も速力の遅い船に合わせて航行することからこのように呼ばれた。

護送船団方式と規制緩和

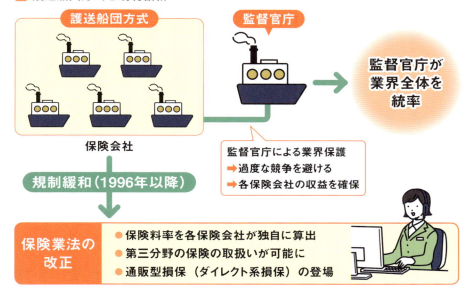

通販型損保の登場

ONE POINT

日本の通販型損保のシェア

規制緩和によって誕生した通販型損保は、毎年少しずつシェアを伸ばしています。しかし、日本では従来の代理店型損保のシェアが依然として高く、自動車保険に限れば通販型損保のシェアは7〜8％程度と、大きなシェアを獲得するには至っていません。保険業法の改正から20年以上が経過しても、欧米ほど通販型損保のシェアが増えない理由は、日本人が損害保険に対して保険料の安さよりも安心を求めているためと考えられています。

Chapter7
03

保険料の払い込みを完了したのちに効力が発揮

損害保険契約の基本

損害保険会社ではさまざまな種類の損害保険や第三分野の保険を取り扱っていますが、それらの保険が契約に至るまでにどのような過程を経ているのでしょうか。ここでは、損害保険契約の基本を解説します。

損害保険契約の申し込みと契約の成立

損害保険を契約するためには、申し込みの前に、保険会社は顧客である契約者の意向を確認し、商品説明などを行わなければなりません。また、申込者（契約者）は**重要事項説明書**を確認しておく必要があります。契約者は、これらの確認が完了した後に、保険会社に損害保険契約を申し込みます。

損害保険会社は申込内容を確認し、自社の引受条件に合致していれば、申込者に契約内容を送付し、双方が合意すれば契約が成立です。ただし、保険の契約が成立しても保険料の払い込みが完了しなければ、保険の効力は発揮されません。**保険料分割払い**などの特約がない限りは、保険料は一括払いが原則です。

契約が成立すると保険会社は契約者に約款を送付します。なお、近年では環境保護の観点から約款のペーパーレス化が進み、ウェブ上で確認する契約が増えています。

重要事項説明書
「契約概要」という商品のしくみや補償内容、特約や保険期間などが記載された書類と、「注意喚起書」というクーリングオフや告知義務などが記載された書類のこと。

保険料分割払い
損害保険の保険料は一括払いが原則であるが、分割払いの特約を付保することで、月払いや年払いなどの分割払いが可能となる。

引受義務と引受拒否

損害保険会社は、自賠責保険や原子力に関する保険など一部の保険については、保険の引き受けを義務付けられています。**自賠責保険は、すべての自動車が契約すべきと義務付けられています**ので、保険会社の裁量で拒否することはできません。

しかし、政府が保険の引き受けを義務付けている保険以外については、**損害保険会社が契約や契約の更新を拒否できます**。例えば、自動車保険であれば1保険年度に何度も事故を起こしている契約者、**飲酒運転**をした契約者、保険金詐欺に加担した契約者などは、保険契約を拒否される可能性があります。また、**反社会的勢力**の一員、またはそのものである場合も保険契約は不可能です。

飲酒運転
自動車保険においては、対物賠償責任保険や対人賠償責任保険などの賠償保険については、飲酒運転であっても保険金を支払う。しかし、車両保険や人身傷害保険などは免責となり保険金は支払われない。

保険契約の流れ

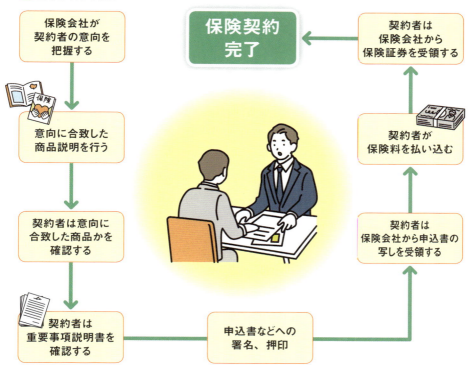

火災保険では、火災保険の家財補償で、虚偽の保険金請求を繰り返す契約者の契約更新を拒否するケースも少なくありません。

なお、<mark>損害保険会社同士が、保険金詐欺をはたらく契約者や被害者などの情報を共有</mark>して、保険契約への注意喚起を行うこともあります。

反社会的勢力
暴力・脅迫や詐欺などの違法行為を組織的に行う集団のこと。暴力団や犯罪組織、またその協力者たちを指す。

 ONE POINT

反社会的勢力への対応

損害保険業界では、反社会的勢力を排除することを宣言しています。損害保険契約の中途であっても反社会的勢力の一員などであることがわかった場合、保険契約を解除することができます。例えば、SOMPOホールディングスでは、「反社会的勢力との関係の遮断」「不当要求などへの組織的な対応」「裏取引・利益供与の禁止」を対応の基本方針に掲げています。

Chapter7
04

保険契約を結ぶ相手には3タイプある

直扱い・代理店扱い・ブローカー扱い

日本の損害保険会社での契約は、長らく保険会社と契約者の間を代理店が取りもつ募集形態がとられていました。しかし近年では、通販型損害保険会社の登場により、直扱い契約も増加しています。

通販型損保のほとんどが直扱い

直扱い
代理店または保険仲立人を仲介せず、保険会社が直接取り扱う保険契約のこと。

　直扱いとは、保険会社と契約者の間に代理店等の第三者が介在せず、保険会社と契約者が直接契約する募集形態です。電話やインターネットなどで申し込みや契約が行われる通販型損保（ダイレクト系損保）のほとんどは、この直扱いになります。

　従来の代理店型損保にも直扱い契約はあるものの、それほど多くありません。損害保険協会が発表した2018年の元受正味保険料における募集形態の割合のデータによると、すべての保険種目における直扱いの割合はわずか8％でした。

　ただし、海上保険の直扱いの割合は37％と非常に高くなっています。また、自動車保険や火災保険でも、大手企業との大口契約については直扱いになるケースが少なくない点は留意しておきましょう。

代理店型損保の個人向け商品の多くが代理店扱い

　代理店型損保では、自動車保険や火災保険、傷害保険などの個人向け商品のほとんどが、代理店を介して募集や契約が行われています。損害保険会社の代理店になるには、各保険会社に代理店の登録を受けなければなりません。

　代理店扱いでは、代理店は保険会社の代わりに契約者に重要事項などを説明し、契約を締結して、保険料の徴収なども行います。また、保険金支払いが生じる事故が発生した場合、契約者の保険金請求手続きのサポートを行うこともあります。

　例えば、火災保険や自動車保険では、事故の現場に駆けつけたり、保険会社とのやり取りを仲介したりするケースが少なくありません。

174

▶ 代理店扱いとブローカー扱い

代理店扱い

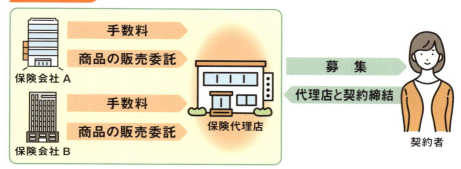

ブローカー（保険仲立人）扱い

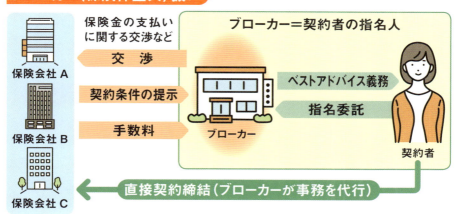

📍 規制緩和によって誕生したブローカー扱い

　日本では長らく、直扱いや代理店扱いによる損害保険募集の形態がとられていましたが、1996年の<mark>保険業法の改正による規制緩和によって、ブローカー制度（保険仲立人制度）が誕生</mark>しました。ブローカーは各保険会社に登録していない独立した存在で、生命保険募集人や損害保険代理店との兼業は禁じられています。ブローカーには、募集の際は完全に中立な立場で契約者にベストな保険契約を勧めなければならないという、<mark>ベストアドバイス義務</mark>が課されています。

ベストアドバイス義務
保険仲立人に求められる特有の法律上の義務で、顧客のために誠実に保険契約の締結の媒介を行わなければならないとする義務のこと。誠実義務とも呼ぶ。

175

Chapter7 05

保険料率が許可制から届出制に

損害保険料自由化のしくみ

日本では長い間、損害保険会社が損害保険の保険料を自由に決めることはできませんでした。しかし、1996年の保険業法の改正によって規制緩和が進み、各損害保険会社は保険料を自由に決められるようになりました。

◉ 算定会料率の使用義務の撤廃

算定会
自動車保険料率算定会のこと。1964年に設立され、2002年に損害保険料率算出機構が設立されるまでは、保険料率の算定を行っていた。

　1996年に保険業法が改正され、算定会の保険料率の義務化が撤廃されました。これにより、各保険会社は各社独自の料率を使ってリスクに応じた保険料を設定できるようになりました。

　従来は損害保険の保険料率はすべて金融庁の許可を得なければなりませんでしたが、保険業法の改正によって「届出制」が導入され、金融庁の許可を得ることなく保険料率を決定できるようにもなりました。

◉ リスクファクターの違いで保険料に差がつく

　それまでは、すべての保険会社が同一の料率で保険を販売していたため、リスクの大小に関わらず、契約者は同一の保険料を支払うことを強いられていました。しかし、規制緩和により、事故発生リスクによって保険料の引き上げや引き下げを行うことができるようになりました。

　例えば、自動車保険では自動車の車種や地域、運転者の年齢などによって事故を起こすリスクが異なります。若年層や高齢者は事故発生リスクが高く、30〜50代は事故の発生リスクが低い傾向にあるため、若年層や高齢者の保険料率を引き上げ、事故が低い年齢層の保険料率を引き下げる保険会社が登場しました。

リスクの細分化
契約者が損害を受ける可能性や事故を起こす可能性を、条件や環境別に細かく区分けすること。例えば、自動車保険の場合、契約者の年齢や自動車の使用目的などによって保険料が増減する。

　今では、自動車保険のなかでもリスクの細分化が進み、自動車の利用目的や利用頻度、走行距離や免許証の色などによって保険料が大きく増減します。例えば、直販型損害保険のセゾン自動車火災保険が販売する「おとなの自動車保険」では、事故リスクの低い年齢の保険料が非常にリーズナブルになることを売りにして、契約者数を伸ばしています。

176

▶ 保険料自由化

▶ 事故リスクと保険料の関係

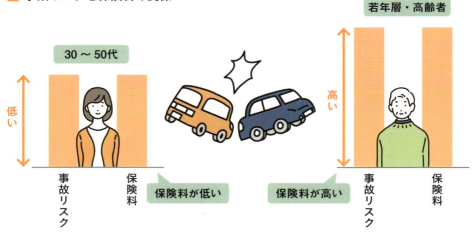

▶ 直販型自動車保険の例（おとなの自動車保険）

● 1歳刻みの保険料体系を採用
▶ 事故率が最も低い 40 ～ 50 代の保険料が割安

● 保険料は走った分だけ
▶ 過去1年間の走行距離区分で保険料を算出

● 事故受付は 24 時間 365 日
▶ 警備会社が事故現場に馳けつけて対応

3メガ損保の発足と弊害

損保市場の9割弱を
3メガ損保が独占

損保業界は2度の大きな業界再編を経て、今は「3メガ損保」が損保市場を独占している状態です。3メガ損保の業界のおけるシェアや、3メガ損保状態による弊害を確認してみましょう。

きっかけは東京海上ホールディングスの発足

現在の3メガ損保状態に至ったきっかけは2002年の東京海上ホールディングスの発足でした。東京海上ホールディングスの発足を皮切りに、損保の合併が相次ぎます。同年に、安田火災と日産火災が合併し、そこに大成火災が加わり損保ジャパンが生まれました。また、日本火災と興亜火災が合併して太陽火災が加わり、日本興亜損保が誕生しています。

三井住友海上やあいおい損保、ニッセイ同和損保も、東京海上ホールディングスが発足する前年に合併などにより誕生しています。この2001年から2006年にかけての業界再編によって、上場損害保険会社は14社から7社へと半減しています。

その後、2010年に三井住友海上やあいおいニッセイ同和損保を有するMS&ADホールディングスが設立されました。同時期に、損保ジャパンと日本興亜損保が合併した損保ジャパン日本興亜損保を核とする、SOMPOホールディングスも設立されています。こうして2010年に3メガ損保状態が誕生しました。

3メガ損保のシェアは損保業界の9割弱

正味収入保険料
元受正味保険料（保険契約者との契約によって得られる保険料収入）に再保険の収支を加味して、収入積立保険料を差し引いたもの。

3メガ損保の損害保険市場における正味収入保険料の割合は9割弱で、損保業界は3メガ損保による寡占状態が続いています。3メガ損保の状態にはさまざまな弊害があるといわれています。その1つが、人員削減によるサービスの質の低下です。損保業界が再編に動き、大型合併が繰り返された大きな理由はコストの削減です。合併によって業務の効率化を推進し、人員を整理することで人件費の削減と事業費の圧縮が図られました。

その結果、各損害保険会社の社員が多数退職していきました。

▶ 損害保険市場における正味収入保険料の主な割合

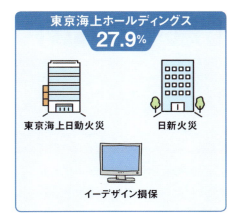

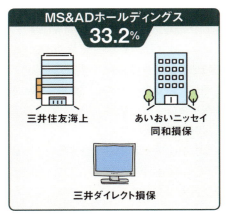
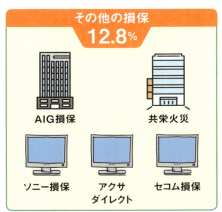

出典：正味収入保険料シェアは各社のディスクロージャー資料（2018年）より算出

　企業が従業員を解雇することには労働基準法や労働契約法などで大きな制約がかけられていますが、従業員が希望して退職する希望退職であれば法的な制限を受けません。よって、損保各社では希望退職者を募り、その結果、多くの人材が流出したのです。

　合併によって、正味収入保険料が減少するわけではありませんので、現場での業務量は変化しません。つまり、人員の減少は損害保険会社が提供するサービスの質に直結するのです。3メガ損保への再編は、契約者にとっては必ずしも歓迎すべき状態ではないともいえます。

Chapter7
07

備えたい災害と支払える保険料の検討が必要

保険の種類①
補償範囲を確認したい「火災保険」

火災保険は、建物や建物内の家財が災害や火事で損害を受けた場合に補償する保険です。契約時の補償範囲によっては災害の際に補償が受けられなくなるケースもあるため、補償範囲の確認には注意が必要です。

火災保険の補償範囲は商品によって異なる

火災保険の補償には、損害保険金と費用保険金があります。台風や火災、水害などの被害を受けた際に、その修理費用や再購入費用を支払うものが損害保険金です。しかし被害を受けた建物や家財の修理や再購入費用だけでは不足することがあります。例えば火災が発生した場合、そこに焼け残った残存物がありますが、この撤去にもお金がかかります。このように事故や災害の結果から、主に間接的に発生する費用を負担するものが費用保険金です。

自由化前は各社同じ火災保険を取り扱っており、専用住宅の場合には住宅火災保険や住宅総合保険という商品でした。いまは各社それぞれの特徴のある火災保険商品を販売しています。

火災保険は、火災だけでなく風災や水災、盗難、水漏れなど幅広く補償します。近年火災保険商品は非常に多様化しています。大手損保などの場合は、補償内容の異なるプラン（3つから6つ程度）を自分で選べるようになっています。ほかにもネットで契約まで完結する火災保険も出ており、火災、落雷、破裂・爆発などまでの補償を基本補償として他の補償を自分で自由に選べてカスタマイズすることができるようになっています。

火災保険の保険料と保険金

火災保険の保険料は、住んでいる地域の災害発生リスクや建物の構造、築年数、契約金額によって決定されます。一般に、火災や水害が発生するリスクが高い建物や地域の火災保険料は割高となります。

火災保険の契約金額は、住宅火災保険や住宅総合保険などは再調達価額と時価額のどちらかで決めました。現在、損害保険各社

再調達価額
建物を、再度新築するために必要な金額のこと。契約時に建物の構造や設備などを考慮したうえで契約金額を決定する。

時価額
再調達価額から経年劣化などによる消耗を差し引いた金額のこと。契約金額2,000万円、事故発生時の時価額が1,500万円であれば、1,500万円が受け取り可能な保険金の上限となる。

▶ 損害保険金と費用保険金

損害保険金	保険の対象（建物や家財など）が損害を受けた場合、その直接の損害に対して支払われる保険金
費用保険金	保険の対象（建物や家財など）の損害によって間接的に発生する費用などを補償するために支払われる保険金

▶ 火災保険でカバーされる主な補償範囲の例

損害保険金	火災
	落雷
	破裂・爆発
	風災・ひょう災・雪災
	水災
	建物外部からの物体の落下・飛来・衝突
	水濡れ
	騒じょう・集団行動などに伴う暴力行為
	盗難
	不測かつ突発的な事故（破損汚損など）
費用保険金	臨時費用保険金、残存物取片付け費用保険金など商品によって内容も数もさまざま

が販売する火災保険は再調達価額で契約するものが主流です。事故が発生した際は、契約した補償範囲内であれば損害の程度によって保険金が支払われます。

　例えば、建物が全焼して全損と判断されれば契約金額が、再調達価額であれば契約金額が全額支払われ、修理が可能な状態であれば修理金額が支払われます。

📍 賃貸住宅は家財保険のみが補償の対象

　住宅総合保険や住宅火災保険の補償の対象は、建物と家財です。建物と家財は別々に契約金額を設定します。賃貸住宅の場合は、建物に関する火災保険は建物のオーナーが加入しますので、入居者は家財部分のみだけ加入することになります。なお、家財保険の多くは再調達価額です。

家財保険
家具や家電製品、衣服、アクセサリーなど、生活に欠かせない動産（不動産以外の物や財産）を対象とする保険のこと。

181

Chapter7
08

補償内容を自分で組み立てることができる

保険の種類②
自賠責を超える部分を補償「自動車保険」

自動車保険はさまざまな保険を組み合わせることによって、補償の範囲や金額を各自が自由に設定できます。支払い保険料や補償の手厚さを自分で選べるため、オーダーメイドの保険ともいえます。

自動車保険は自賠責保険の上乗せ保険

任意保険
損害保険会社の実務上では、自動車保険ではなく任意保険と呼ばれることが多い。

自賠責保険
すべての車両に契約が義務付けられている強制保険。事故により他人にケガをさせた場合に保険金が支払われる。

自動車保険は**任意保険**ともいわれ、**自賠責保険**の上乗せ保険の意味合いをもちます。自動車保険は、対人賠償責任保険や対物賠償責任保険、車両保険や人身傷害保険などのさまざまな保険を組み合わせたものです。このうち、対人賠償責任保険は自賠責保険の上乗せ保険となっており、自賠責保険の支払い上限を超えた場合に対人賠償責任保険から保険金が支払われます。

自賠責保険は交通事故で他人にケガをさせた場合に保険金が支払われますが、上限保険金額が十分ではなく、それだけでは相手への補償は不十分です。また、他人のケガ以外の交通事故の損害は、自賠責保険の補償対象外のため、交通事故のリスクにしっかり備えるためには、任意保険の加入が欠かせません。任意保険の自動車保険に加入していなければ、自賠責保険の上限を超えた部分を自己負担で賠償しなければなりませんし、相手の車や建物を壊した部分についても全額自己負担となります。

自動車保険の補償内容

全損
対物の事故においては、全損とは自動車の修理代が、その時価額を上回る状態。修理代が時価額を上回った場合は、時価額を対物賠償金として支払う。

自動車保険の補償内容は、申し込み時に自分で組み立てることができます。原則として対人賠償責任保険と対物賠償責任保険は基本の補償として多くの人が契約します。それに加えて、運転者や同乗者のケガの治療費や休業損害、慰謝料などを支払う人身傷害保険、契約車両の修理費用を支払う車両保険などの補償をセットにすることが多くなっています。

また、自動車保険には、車の修理中のレンタカー費用を支払う代車特約や車に乗せていた荷物を補償する積載物補償特約、相手の車が**全損**になった場合に時価額を超過した修理費用を支払う全

▶ 自動車保険加入率の推移

(単位：%)

年度末	対人賠償保険	対物賠償保険	搭乗者傷害保険	車両保険	人身傷害保険
2008	72.7	72.6	58.1	40.2	－
2009	73.1	73.0	57.5	41.0	－
2010	73.4	73.4	50.3	41.8	－
2011	73.1	73.1	45.1	42.1	－
2012	73.3	73.3	43.1	42.6	－
2013	73.4	73.4	41.7	43.0	－
2014	73.8	73.8	34.0	43.2	67.0
2015	74.1	74.2	29.3	43.5	68.0
2016	74.3	74.4	27.9	43.8	68.7
2017	74.6	74.7	26.7	44.4	69.3

出典：一般社団法人日本損害保険協会

4人に3人が加入。人身傷害保険にも加入するケースが多い

人身傷害保険が補償の中心に変わり、搭乗者傷害保険の加入率が減少

損超過修理費用特約などのさまざまな特約があります。近年では、自転車による交通事故の高額賠償金支払い事例を受けて、自転車特約や個人賠償責任特約などの特約も人気です。

📍 自動車保険の保険金支払い

　自動車保険の保険金は、原則として実損払いです。契約車両の修理代は、契約金額を上限に支払われます。相手への賠償も、車であれば車の修理金額もしくは時価額が支払われることになります。相手がケガをしている場合は、ケガの治療費や薬代、慰謝料や休業損害などが支払い保険金です。

第7章

損害保険会社のビジネスのしくみ

183

Chapter7 09

火災保険では対象外の地震での損害を補償

保険の種類③
火災保険とセットで加入「地震保険」

日本の火災保険では、地震で建物が損傷した場合は補償対象外となり、保険金が支払われません。そのため、地震による被害に備えるには地震保険への加入が必要です。

火災保険とセットで加入する地震保険

地震保険は、火災保険とセットで加入する保険で、地震保険のみに加入することはできません。

地震保険は、火災保険では補償の対象外となる地震や噴火、これらによる津波などの災害による損傷で、保険金が支払われます。また、地震による火災も火災保険では補償対象外ですが、地震保険では保険金が支払われます。

ただし、地震保険の補償対象は居住用住居やそのなかにある家財道具に限られています。事業用物件は火災保険の地震危険補償特約に加入しておかなければ、地震での損害は補償されません。

地震保険は政府が大きく関与する官民一体の保険

地震はその大きさや発生の頻度を統計的に把握することが難しいため、地震保険を民間の損害保険会社のみで提供するのは困難です。また、巨大地震が発生した場合、支払保険金が巨額になってしまい、保険会社の経営に大きな打撃を与えます。

そのため、地震保険は政府が再保険を通じて関与することで、保険責任を分担するという官民一体の制度となっています。また、地震保険はその公共性の高さから、損害保険料率算出機構はノーロス・ノープロフィット原則に基づき、利潤も損失も出ないように保険料率を算出しています。

1966年に制定された地震保険に関する法律に基づき、地震保険の再保険業務専門の日本地震再保険株式会社が設立されました。損害保険会社は同社に再保険料を支払い、再保険に加入しています。さらに日本地震再保険は、損害保険会社や政府などに再々保険料を支払って再々保険に加入し、リスクを分散しています。

地震危険補償特約

事業用の火災保険にセットすることができ、地震による損傷や津波、地震による火災での損傷を補償する特約。

ノーロス・ノープロフィット原則

利潤も損失も出ないように保険料率を算出して運用しなければならないという考え方。日本では、公共性が高い保険種目である自賠責保険と地震保険に適用されている。

日本地震再保険株式会社

地震保険の再保険専門会社。1966年に地震保険制度が発足した際、日本国内の損害保険会社の出資によって設立された。

▶ 地震再保険のしくみ

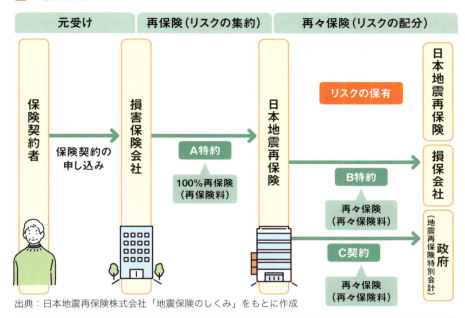

出典：日本地震再保険株式会社「地震保険のしくみ」をもとに作成

地震再保険では、1回の地震によって支払われる保険金の総額には限度額が定められています。支払われる保険金の額が871億円に達するまでは民間が、871億円を超え1,537億円に達するまでは政府・民間が50%ずつ負担、1,537億円を超える部分は政府がその大半を負担します。

 ONE POINT

地震保険の保険料と保険金額

地震保険の保険料は、建物の所在都道府県と建物の構造によって決定されます。鉄骨コンクリート造りの建物と木造の2種類に分類されており、鉄骨コンクリート造りの建物のほうが保険料は割安です。また、同じ建物の構造でも地震リスクが高い地域の保険料は高額になります。

なお、地震保険の保険金額は、火災保険の30%から50%の範囲内で決定しなければなりません。また、火災保険のように建物の再調達価格で契約することができず、契約限度額は5,000万円となっています。

Chapter7

10

個人または企業に向けたさまざまな保険が登場

保険の種類④
多種多様なリスクに備える「その他の保険」

損害保険会社では、火災保険や自動車保険などに加えて多様なリスクに対応する保険を取り扱っています。個人向けだけでなく、企業向けでも数多くの保険が存在し、時勢の変化によって新たな保険も続々と登場しています。

取扱いが多い旅行保険やゴルファー保険

　昔から多く取り扱われているのが、旅行保険やゴルファー保険です。旅行保険は、旅行中のケガや携行品の破損などに備える保険で、海外旅行保険と国内旅行保険の2つに分けられています。

　ゴルフ愛好家にとって欠かせないのがゴルファー保険です。ゴルフ中の契約者のケガやゴルフクラブの破損などを補償するだけでなく、他人にケガをさせた場合の賠償金も支払われます。また、ホールインワンやアルバトロスを達成した場合の、祝賀会や記念品の費用も保険金の支払い対象となります。

企業の経営に欠かせない企業総合補償保険

企業総合補償保険
所有する建物や設備の損害、事故による休業によって被る収益の減少など、企業を取り巻くさまざまリスクをまとめて補償する保険。オールリスク型保険などとも呼ばれる（商品名は損保によって異なる）。

　企業の事業活動にはいろいろなリスクが伴います。それを補償するのが企業向けの各種保険です。企業総合補償保険などの名称の企業の総合型保険では、企業が所有する什器の補償や従業員がケガをした場合の補償、休業を余儀なくされた場合の休業補償、他者への賠償義務が発生した場合の賠償などさまざまなリスクに対応しています。そのため、経営者が個別のリスクに応じて、必要な補償をつけることが可能です。

訴訟リスクにさらされる時代の弁護士保険

　大手損害保険会社では火災保険や自動車保険の特約として弁護士費用特約を用意していることが多く、近年の弁護士費用保険の需要の高まりにより、弁護士費用保険のみに加入できる保険商品も登場しています（主な取り扱いは少額短期保険会社）。

　火災保険や自動車保険の弁護士費用特約とこれらの弁護士保険が異なるのは、被害事故などにあっていなくても、弁護士保険は

保険会社と少額短期保険会社の主な相違点

	保険会社	少額短期保険会社
保険金額	自社の契約引受可能な範囲で大型保障（補償）も可能	1保険者あたりの上限は1,000万円。さらに、死亡保障は300万円、医療保障は80万円、損害保険は1,000万円以下が上限など種目によって上限額が異なる（※）
保険期間	1年程度から終身まで	生命保険は1年以内、損害保険は2年以内。終身はない
生損保兼営	生保・損保の兼営は禁止	生保・損保の兼営が可能
最低資本金	最低資本金10億円	最低資本金1,000万円
参入規制	金融庁長官による免許制	財務局による登録制
資産運用	原則自由	預貯金、国債、地方債に限定

※ほかにも、疾病などを原因とする重度障害保険は300万円、傷害を原因とする特定重度障害保険は600万円などがある。

ユニークな商品が多い少額短期保険

2006年の保険業法の改正により少額、短期の保険のみを取り扱う少額保険業制度が制定された。それまでは無認可で保険の引き受けを行っていた無認可共済が乱立して契約者が被害を受けるケースが発生していたため、契約者を保護するために保険業法が整備された。少額短期保険会社は、生命保険と損害保険の両方を取り扱うことができ、ペット保険、山岳救助保険などニッチでユニークな保険商品を多数販売している。

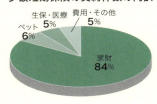

少額短期保険の契約件数の内訳

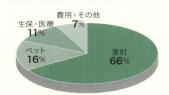

少額短期保険の保険料収入の内訳

出典：一般社団法人日本少額短期保険協会

利用できる点です。火災保険などの特約の弁護士費用特約は、突発的な事故の対応に限るなど弁護士費用特約を利用できるシーンは限られていますが、**弁護士保険では痴漢冤罪や相続、離婚といった日常の法律トラブルにも対応**できます。

COLUMN 7

若者のクルマ離れと自動車保険

首都圏への人口流入、スマホの登場、伸び悩む所得…

近年、若者のクルマ離れが叫ばれていますが、自動車販売台数の落ち込みとともに自動車保険の契約台数も伸び悩んでいます。

例えば、トヨタ自動車の販売台数は1990年では、250万4,291台でしたが、2010年には155万6,157台と4割減少しています。

クルマ離れの要因の1つに、首都圏への人口集中があるといわれています。実際に若者が首都圏に集中する傾向は年々高まっており、日本の人口が減少し続けているにも関わらず、東京都の人口は増え続けている状態が続いています。

交通インフラの発達した首都圏では、クルマがなくても移動が可能です。そのため、地方に住んでいれば必要に迫られてクルマを買っていた若者は、生活コストの高い首都圏では、無理をしてまで自動車を購入しません。

ほかにも、1980年代から90年代初頭には存在しなかったスマートフォンの登場により月々の出費が増えている、終身雇用の崩壊や非正規雇用の増加などで若者の所得が伸び悩んでいることなども、要因として考えられます。

クルマをもたない若者向けの自動車保険の登場

しかし、彼らは自動車を購入しないからといって、運転免許を取得しないわけではありません。自動車保有率と比較すると免許取得率はそれほど減少していません。

そこで、各損害保険会社では、自動車をもたない若者をターゲットにした1日自動車保険など、レンタカーやカーシェアリングを利用する人向けの自動車保険を相次いで発表しました。これはスマートフォンで手続きが完結し、保険料も1日1,000円前後とリーズナブルな料金設定になっています。

また、1日自動車保険は、複数回利用する場合の保険料を割引したり、複数人で運転する場合の保険料を割引したりするなど、各保険会社で差別化した商品を提供しています。

第8章

損害保険業界の
仕事と組織

損害保険会社の中核を担うのは営業部門と査定部門ですが、そのほかにもさまざまな部門が連携して顧客のリスクに備えています。第8章では損害保険会社のそれぞれの部門の業務と役割を説明します。また、損害保険会社の賃金や福利厚生、キャリアパスなどについても解説していきます。

Chapter8 01

損害保険会社の業務とは

万が一の備えを
顧客に提案する仕事

損害保険会社の仕事は、顧客のリスクに備えるための保険を販売し、必要に応じて保険金を支払うことにあります。ここでは、損害保険会社の業務を、現場を担う部門と本社の管理部門に分けてみていきましょう。

損保の現場は営業部門と査定部門

　損害保険会社の現場での業務を担っているのが、営業部門と査定部門です。

　営業部門では、代理店の新規開拓や研修の実施、契約の促進を行っています。営業部門は、販売チャネルによって、一般企業を担当する部署やディーラーなどの自動車関連業者を担当する部署などに分かれています。

　査定部門では、保険金支払いのための損害調査や保険金支払い、被害者との示談交渉などを行います。査定部門も、自動車保険の査定や火災保険の査定など、保険種目によって部門が分かれており、それぞれ専門性を高めた社員が業務にあたっています。営業部門と査定部門は、それぞれ「支社」と呼ばれる組織に所属しており、支社長が両部門を管理する組織形態になっています。

営業部門と査定部門を支える本社業務

　代理店型損害保険会社では、全国に拠点を設けてあり、それぞれ営業や査定などの部門が保険契約の獲得や保険金支払い業務を遂行しています。それを支えているのが本社の管理部門です。人事や総務、経理、コンプライアンス部などの部署が、損害保険会社全体の管理運営に携わっています。

　また、商品開発部では新しい保険商品の開発や既存の商品の改定のために、市場調査や支払保険金の分析などを行っています。第三分野の保険を損害保険会社も取り扱えるようになると、損害保険会社によるユニークな商品開発が話題となりました。資産運用部門も、損害保険会社の利益の大きな割合を占めており欠かせない仕事です。

コンプライアンス部
損害保険会社では、不祥事への対策や顧客満足度の向上のためにコンプライアンス部を設置して内部統制体制を敷いている。

▶ **損害保険会社の組織図（東京海上ホールディングスの例）**

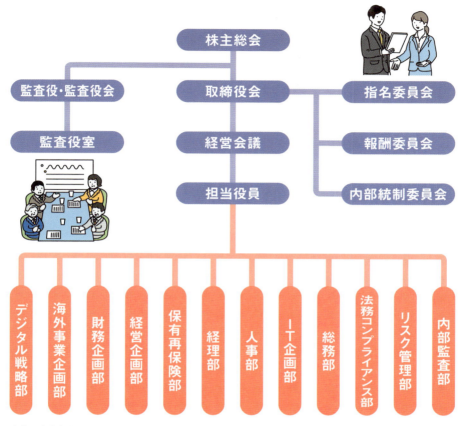

出典：東京海上ホールディングス

 ONE POINT
コンプライアンスの部署の仕事

近年ではコンプライアンス（法令遵守）という言葉を耳にしますが、膨大な企業情報や個人情報を取り扱う保険会社は、より一層のコンプライアンス態勢の強化が求められています。そのため、損害保険会社のコンプライアンスの部署は、定期的な研修や勉強会を開催して、社員や代理店が保険業法に定められている禁止事項を守って営業活動を行うように啓蒙しています。また、法令違反が起こった場合、事実関係を調査するのもコンプライアンスの部署の仕事です。その場合は、本人や関係者から聞き取り調査を行い、結果を人事部などの関係部署に報告します。

Chapter8
02

損保会社の現場を支える２つの業務

損保会社は
営業業務と査定業務が両輪

損害保険会社の業務を担っているのが営業業務と査定業務です。営業業務では顧客への保険商品の販売を行い、査定業務では保険金の支払いを行っています。

代理店営業がメインの営業業務

代理店を通して顧客とやり取りする代理店型損害保険会社では、営業社員は代理店への営業が主な仕事です。既存の代理店への契約促進などを日々行い、新たな契約の進捗や既存契約の更新などを促し、目標の契約金額を達成しなければなりません。

また、新規の代理店の開拓や代理店候補となる「研修生」探しも営業社員の仕事の１つです。既存の代理店だけでは、シェアは拡大できないので、新たに提携を結ぶ代理店や、将来代理店として独立する研修生と呼ばれる代理店の候補生を探します。

なお、代理店扱いの契約であっても大口契約の場合は、代理店とともに営業社員が契約者に挨拶したり、交渉したりすることもあります。また、代理店営業だけでなく直扱い契約の営業も行うこともあり、実際、大口の法人契約や海上保険などは代理店経由ではなく、保険会社が直扱いで契約する場合も少なくありません。

保険金支払い専門の査定業務

査定業務とは、保険金を支払う一連の業務のことをいいます。事故の受付から、各種必要書類の手配、手続きなどを行います。また、損害確認業務も重要な査定業務の１つです。正しく保険金を支払うために、事故の状況や損傷などの整合性や請求された保険金が妥当かどうかを判断します。

代理店型損害保険会社では、全国の主要都市に査定部門を設置して、地域に密着した事故対応を行っています。一方、通販型損保の場合は主要都市のみに査定部門があり、それ以外の都市については社外のアジャスターや鑑定人に損害確認を依頼することが少なくありません。ただし、代理店型損保グループに属する通販

▶ 代理店型と通販型

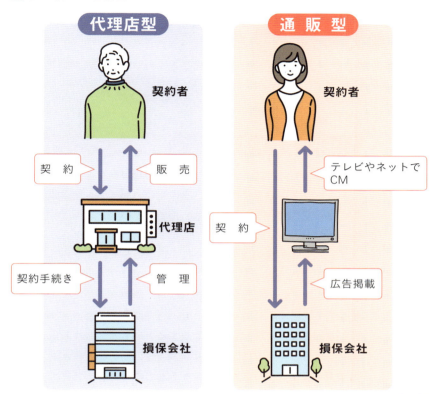

損害保険の代理店になるには、保険会社と代理店委託契約を結んだうえで、代理店の所在地を管轄する財務局に登録が必要です（登録や届出の手続きは通常、保険会社を経由して行う）。なお、代理店として必要な知識や能力を備えているかどうかを判断する方法は、各保険会社によって異なりますが、一般的には、所定の研修を受けて試験に合格するなど、一定の基準を満たすことで判断されます。

型損保の場合は代理店型損保の査定部門に損害確認などを依頼します。

査定業務には、**保険金詐欺**を水際で防止する役割だけでなく、正しく保険金を支払うという役割も課せられており、社員たちは入社時から毎年のように**集合研修**が課せられます。

保険金詐欺
火災保険や自動車保険では、保険金を搾取する目的で虚偽の事故報告をするケースがある。事故の発生を偽る、故意に事故を発生させる、損害を拡大させて多額の保険金を請求するなどの手口がある。

集合研修
営業部門、査定部門ともに損害保険会社では同期入社の社員を一同に集めた集合研修を行う。専用の宿泊施設などで専門的な研修を集中して行うことも多い。

Chapter8
03

総合職では30代半ばで年収1,000万円を超える

高水準の賃金や手厚い福利厚生が魅力の損保業界

2020年卒大学生の就職企業人気ランキング（マイナビと日本経済新聞社の共同調査）では、文系学生の3位、17位に損害保険会社が入るなど、損保業界は根強い人気があります。その魅力は高水準の賃金や手厚い福利厚生です。

平均年収が1,000万円超の総合職

損害保険会社には、さまざまな職種の社員が存在します。なかでも、高水準の給与が期待できるのが総合職です。総合職の社員は、どの部門にも在籍しており、部署をマネージメントする役割を担っています。彼らの多くが30代半ばで年収1,000万円を超えており、その後の昇進によっては2,000万円に手が届く社員も出てきます。

ただし、高い給与が望める総合職は、転勤を厭わないタイプの働き方を選択した場合のみで、地域を限定する総合職の場合は、転勤があるタイプの総合職と比較すると給与水準はそれほど高くありません。働き方改革により、損害保険業界の長時間業務体制は改善されつつありますが、今でも総合職の社員の長時間労働は散見されています。

転勤
損害保険会社の総合職の多くは、3年程度に1度転勤が命じられる。課長職級であっても転勤の有無は事前に知らされることがないため、異動発表日は緊張感が漂う。

総合職と一般職の年収格差

損保業界では長い間、総合職と一般職の間には大きな年収格差がありました。総合職の社員は年収1,000万円を超えるエリートサラリーマンである一方、一般職の社員は総合職の同期が年収1,000万円を超えるあたりでようやく年収400万円を超えるかどうかというレベルです。

近年では、損保各社は一般職を総合職という名称にするなどの改革が行われていますが、ふたを開けると旧来の総合職と一般職の区別が色濃く残っています。例えば、「総合系グローバル」と「総合系エリア」、「全域社員」と「地域社員」などの名称で区別されており、働く地域が限定されるエリアや地域などの社員は従来の一般職の給与水準となっています。

▶ 金融業界の平均年収ランキング（上位10社）

順位	会　社　名	業　種	年　収 （万円）	従業員数 （人）	平均年齢 （歳）	勤続年数
1	マーキュリアインベストメント	証券業	1822.9	31	41.0	2.9
2	野村ホールディングス	証券業	1455.2	132	42.4	4.0
3	東京海上ホールディングス	保険業	1390.1	642	43.8	19.9
4	三井住友トラスト・ホールディングス	銀行業	1378.6	91	50.2	24.6
5	ジャフコ	証券業	1246.1	104	43.3	17.3
6	三井住友フィナンシャルグループ	銀行業	1187.8	841	39.5	15.2
7	岡三証券グループ	証券業	1179.3	13	53.0	4.2
8	SOMPOホールディングス	保険業	1173.5	557	43.3	17.4
9	九州フィナンシャルグループ	銀行業	1115.0	31	49.0	21.5
10	MS＆ADインシュアランスグループ ホールディングス	保険業	1100.6	390	47.5	22.4

出典：プレジデントオンライン「平均年収ランキング（2018年版）」より抜粋

損保業界の手厚い福利厚生

　損保業界では福利厚生でも総合職と一般職に差がつけられているものがあります。代表的なのが住宅補助で、転勤が前提となる総合職では家賃手当てとして家賃の30〜50％を補助したり、社員寮や借り上げ社宅を用意したりする保険会社もあります。一方、一般職の場合は、概ね1万円が家賃補助の限度です。

　また、全社員に共通する金銭的メリットが大きい福利厚生として社員向けの保険料割引があり、自動車保険や傷害保険などにリーズナブルな保険料で加入できます。それ以外にも資格取得サポート制度や保養施設の格安利用などの制度も用意されています。

社員向けの保険料割引

損害保険会社の社員は通常の保険料よりも非常に割安な保険料で保険加入が可能。自動車保険だけでなく、傷害保険や火災保険も割安で加入できるため多くの社員が加入している。

データからみる勤務の実態

損害保険業界の基本データ

Chapter8
04

損害保険業界の福利厚生の手厚さや給与水準の高さから、複数の損害保険会社が毎年人気企業ランキングの上位に位置しています。働きやすさの指標となる平均年齢や勤続年数などを確認しておきましょう。

損害保険会社の勤務実態

　損保業界は概ねどの会社でも、勤続年数は13年前後、有給取得日数は15〜20日に収まっており、業務環境は良好です。女性が多い業界なので、育児休暇の取得にも積極的な会社も多く、女性にとっては働きやすい業界といえます。有給休暇の取得がなかば義務付けられていて、有給を取得していない社員には取得するよう指導するケースもあります。そのため、会社にもよりますが、月に1度以上は有給休暇の取得が可能です。

　損害保険業界は銀行と同じようにカレンダーどおりの勤務となり、土日祝日は基本的には休日です。しかし、一方で年末年始やお盆などの、多くの企業が休日となる場合も出勤しなければなりません。その代わり、社員が交代で連続休暇を取得可能です。会社によっては年に2回の5連休の取得を義務付けています。例えば、繁忙期をずらして休暇を取得して、リーズナブルな料金で海外旅行などを楽しむ社員も少なくありません。

　ただし、休日の事故対応が求められていますので、カスタマーセンターなどの部署では休日出勤も求められます。

休日の事故対応
各損害保険会社では、土日祝日でも事故報告を受け付けている。状況によっては初動対応を土日祝日に行うこともある。

40代以降では出向による事実上の左遷も

　損保業界では、総合職の出世競争が凄まじく、順調に昇進を続ける社員と一定の年齢でキャリアが足踏みをする社員に分かれます。昇進を続ける社員は、課長代理、課長、副部長、などと順調にキャリアを積み重ねていきます。一方、足踏みをする社員は40代に差し掛かるあたりで出向を指示され、地方の課長職や課長代理職を延々と繰り返すケースも少なくありません。そして50代以降は給与水準が一気に下がり、退職を迎えるのです。

196

▶ 大手損害保険会社の基本データ

損害保険ジャパン株式会社※		三井住友海上火災保険株式会社
43歳	平均年齢	40.6歳
46.5歳	男性社員平均年齢	43.9歳
40.1歳	女性社員平均年齢	37.2歳
13.3年	平均勤続年数	12.6年
16.5年	男性社員勤続年数	13年
11年	女性社員勤続年数	12.3年
12.7%	3年後離職率	データなし
18.8日	有給取得日数	15.6日
632万円	平均年収	741万円

出典：就職四季報2019年版　※2020年4月より損保ジャパン日本興亜から社名変更

損害保険会社では近年、「テレワーク」が積極的に採用されています。テレワークとは、情報通信技術（ICT）を活用した、場所や時間にとらわれない働き方です。

ONE POINT

ダイバーシティ（多様性）の推進

大手損害保険会社を中心に、女性管理職の登用や障がい者の採用が推進されています。例えば、SOMPOホールディングスでは、ダイバーシティ（多様性）を経営戦略の1つと位置付け、2013年にダイバーシティ推進本部を設置。「多様な人材が生産性の高い働き方を実現する」として、女性管理職比率を2020年度末に30%にする目標を掲げています。また、全国各地で障がい者の採用を進め、雇用の定着を図るために障害者職業生活相談員を配置するなど、働きやすい職場づくりのサポートを行っています。

第8章　損害保険業界の仕事と組織

Chapter8
05

研修や資格取得支援が充実

損害保険業界でのキャリアパス

キャリアの形成によっては高水準の収入が見込める損保業界。損保業界では、どのようなキャリアパスが示されているのでしょうか。損保業界における一般的なキャリアパスを説明します。

基本は入社時に決定した職種を全うする

総合職
「総合職」「エリア総合職」「ワイドエリア総合職」などの分類もある。

損害保険業界では、総合職、一般職、専門職などとさまざまな職種の募集が行われています。それぞれが、給与などが大きく異なるため、基本的には入社の際に決定した職種で働き続けることになります。

一般職で入社した社員は、よほどの特例がない限りは一般職としてのキャリアを築いていきます。一般職として新人を教育する役職や、所属部署の一般職を取りまとめる役割を与えられることもありますが、給与形態は一般職であるため、総合職並の給与を望むことはできません。

総合職と一般職の格差

総合職は、基本的には転勤があり部署の責任を負う仕事を任せられる。一般職は、転勤がない。総合職と一般職では入社時ですでに5万円から6万円ほど給与に開きがあり、その後2倍以上の差が出る。

このように、総合職と一般職の格差は大きいものの、各保険会社では一般職から総合職への配置転換制度も導入しています。一般職の社員が総合職に転換して活躍の場を広げるケースも、少しずつ増えてきました。女性の登用に力を入れている損害保険会社では、女性の一般職からの総合職への配置転換にも前向きです。

キャリア形成を支える豊富な研修制度

損保業界の研修制度は他職種と比較すると非常に充実しています。入社年度には複数回の集合研修が行われ、その後も定期的に研修が行われます。キャリアアップのための資格取得支援制度も用意されていますので、キャリアを形成したい社員を応援する体制は万全といえます。なかには、集合研修施設を有する保険会社もあり、社員はホテル並のサービスを受けながら研修に臨めます。集合研修のほかにも、e-Learningによる研修、学習内容の確認のための試験なども用意されています。

損保業界の主な研修制度

商品研修

損保会社は多数の保険商品を取り扱うため、必要な商品知識を身につけるための研修や勉強会の機会を提供する。

> 補償内容や保険料率の変更なども多いため、研修や勉強会を通じた商品知識のアップデートが欠かせない。

階層別（役職別）研修

新入社員研修やマネジャー研修など、階層（役職）に応じた研修を行い、社員は求められる役割やスキルを学ぶ。

キャリアアップ研修

社員のキャリアビジョンを実現するための能力開発、キャリアアップのための資格取得支援を行う。

グローバル研修

語学の習得や異文化理解、異文化コミュニケーションなどの能力開発を支援し、グローバル人材の育成を行う。

コンプライアンス研修

社員や代理店が、保険業法に定められている禁止事項を守って営業活動を行うように啓蒙する。

 ONE POINT

「エリア総合職」や「ワイドエリア総合職」

かつては「総合職」には男性、「一般職」には女性が採用されることが多く、一般職は窓口やコールセンターでの対応、保険請求の事務手続きの処理など、総合職をサポートする役割を担うのが一般的でした。しかし近年では、総合職と一般職の区分けをやめ、「総合職」と「エリア総合職」という区分けの保険会社が増えています。この区分けの基本的な考え方は、総合職が海外・国内を問わず転勤がある一方、エリア総合職は転勤を伴わないというものですが、業務内容にはかつての総合職と一般職のような大きな違いはありません。また、保険会社によっては総合職とエリア総合職の中間にあたる「ワイドエリア総合職」を職種として設定しています。ワイドエリア総合職では、首都圏や関西圏など、地域ブロック内での転勤に限定しています。エリア総合職やワイドエリア総合職の導入の狙いとして、社員が活躍できる場を広げ、キャリアアップの機会を増やすこと、多様な人材の獲得につなげることなどが挙げられます。

女性のキャリアアップを支援

女性の登用に積極的な損保業界

損保業界は昔から多くの女性社員を雇用しています。以前は、総合職の女性社員が少ない、勤続年数が短いなどの傾向がありましたが、近年では損保各社が女性登用を推進しており、女性管理職も続々と誕生しています。

SOMPOホールディングスの女性管理職は21.3％

3メガ損保の一角を担うSOMPOホールディングスでは、女性の活躍を促進する施策を継続して行っています。2013年にダイバーシティ推進本部を設置して、女性のキャリアアップを支援する研修の実施や、女性リーダー塾の開催など女性専用育成プログラムを実施してきました。その効果もあり、2013年時点では女性管理職は305人、管理職に占める女性比率は5％でしたが、2019年4月には、それぞれ833人、21.3％にまで上昇しています。同社では、**2020年**度末には**女性管理職比率**を**30％**にすることを目標にしており、実現すると見込まれています。

2020年女性管理職30％
諸外国と比べ日本は女性管理職の割合が著しく低いため、政府主導で目標値を掲げ女性管理職の登用に取り組んでいる。

女性管理職拡大に向けたキャリア支援

MS&ADホールディングスの一員のあいおいニッセイ同和損保は、2014年から管理職を目指す女性社員向けにセミナーを開催するなど、積極的に女性のキャリアを支援しています。その結果、課長補佐層における女性比率33.6％を達成。現在は、女性ライン長・部支店長輩出に向けた支援策として、「上位層育成メンター制度」「女性ライン長候補育成スクール」を実施しています。

女性活躍のための育児サポート制度

女性が活躍するためには、出産育児の際の会社側の対応が重要です。損保業界では育児休業の取得率も高水準です。東京海上日動火災保険では、女性従業員の育児休業取得率が99％、男性従業員も73％と男女ともに育児休業が取得しやすい雰囲気が醸成されています。育児休業制度の利用者は8年で2倍以上に増加しており、女性が働きやすい環境であることがわかります。

▶ キャリア支援研修制度（あいおいニッセイ同和の例）

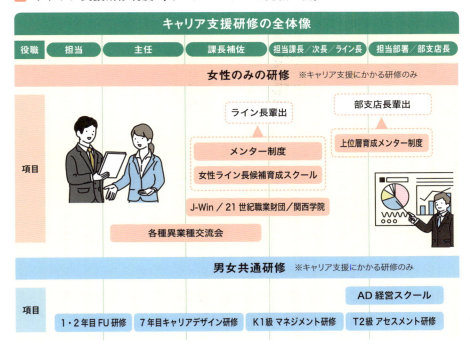

出典：あいおいニッセイ同和「キャリアアップ形成支援」

▶ 育児休業制度利用者数（東京海上日動の例）

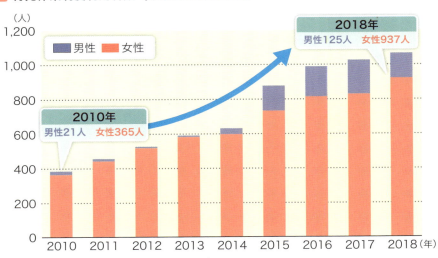

出典：東京海上日動「女性活躍推進に関するデータ」

接する相手によって部門が分かれる営業職

地域・顧客・種類・募集形態で分類「営業部門」

Chapter8
07

多くの損害保険会社の営業部門は一般営業部門、企業営業部門、自動車営業部門に分類されています。ここでは、それぞれの業務の流れを確認しておきましょう。

一般営業部門

　各地域に設置されている営業部門で、一般契約者向けの保険を取り扱っています。保険会社によっては、リテール営業と呼ぶこともあります。主に代理店に対して営業を行いますので、契約者と直接話をすることはほとんどありません。各地域の大口法人は代理店を通さずに営業部門が直接契約を結ぶこともあります。

　一般営業部門の主な仕事は、代理店に契約を促したり、代理店を増やしたり、代理店向けに研修を開催することで、販売ネットワークの構築や強化が求められます。

　また、代理店は人材の入れ替わりが頻繁であることも多いので、一般営業部の担当者が人材育成についてのアドバイスをすることも大切な仕事の1つです。

代理店
代理店にも専業代理店や兼業代理店などさまざまな分類がある。代理店のみを専業で行っている代理店は乗合といって多くの保険会社の保険を取り扱っていることが多い。

企業営業部門

　企業営業部門は、主に本社や都市圏に設定されていて、大企業を担当します。建設会社や鉄道会社、航空会社、金融機関、商社など、その顧客はさまざまです。既存のパッケージ保険だけでなく、各企業にパーソナライズしたオーダーメイド型の損害保険も提供しています。

　顧客企業のリスクを軽減するためのさまざまなソリューションを提案、提供することも企業営業部門の業務の1つです。世界的に活躍する企業のリスクマネジメントを任されることもあるため、海外赴任や出張などを伴います。

　顧客にとってのベストな保険を検討、提案する必要があるため、保険に関する知識だけでなく財務や会計税務や法務などの幅広い知識が求められます。

202

▶ 営業部門の位置付けと役割

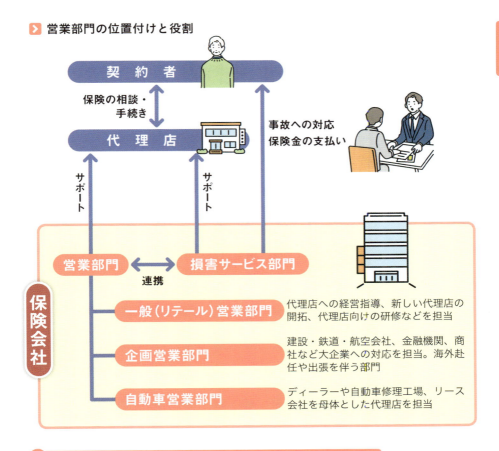

自動車営業部門

　自動車営業部門は、ディーラーや自動車修理工場、リース会社が母体の代理店を主に担当する部署です。自動車営業部門の社員は、==ディーラー代理店==の新規開拓や、==契約シェアの拡大、代理店向けの研修会の開催==などが主な業務です。

　自動車営業部門の外勤営業社員のほとんどが総合職です。一般職の社員は、多くが内勤で代理店と電話でやり取りをしたり、契約手続きの支援を行ったりしています。

　自動車営業部門の総合職は「1度も車検を受けないまま退職する」と冗談めかしていわれることがあります。彼らは、ディーラーの営業活動に貢献するために、新車の初回の車検を受けることなく新たに新車を購入することが多いのです。

ディーラー代理店
自動車を販売するディーラーは契約件数が多いため、損害保険業界ではディーラー代理店の影響力は非常に大きい。自賠責保険の契約の多くはディーラー代理店によるものである。

第8章　損害保険業界の仕事と組織

203

Chapter8
08

契約者と直接やり取りをする会社の顔

多様な業務に対応する「コールセンター」

損害保険会社にとって非常に重要な役割を果たしているのがコールセンターです。契約者からの問い合わせや契約手続き、事故受付などさまざまな役割をもったコールセンターが稼働しています。

カスタマーサービス

既存の契約者からの、保険証券の紛失や契約内容の変更などの業務に対応しているのがカスタマーサービスと呼ばれるコールセンターです。代理店型損保の場合は代理店が契約後の手続きを行うことが多いのですが、通販型損保（ダイレクト系損保）の場合はコールセンターのスタッフが証券の再発行や契約変更の手続きを行います。

通販型損保では、インターネットだけでなく電話での申し込みも受け付けていることから、コールセンターが非常に重要な役割を果たすようになりました。電話で必要な事項を聴取したうえで、最適な補償内容をアドバイスする必要があるので、専門的な知識が求められる部署です。

なお、各損害保険会社のカスタマーセンターは、東北や沖縄などの企業が少ない地域に雇用創出のために設置されることがあります。

事故受付専用コールセンター

国内の代理店型損害保険のほとんどが、事故受付は24時間対応しています。事故受付は電話、ファックス、ウェブフォームなどさまざまな方法でアクセスできますが、そのなかでも圧倒的に多いのは電話です。24時間対応を可能にするために、勤務は交代制で常にスタッフが待機しています。また、コールセンターのスタッフが交通事故の初動対応を行うこともあります。

交通事故の初動対応
契約者への連絡だけでなく、対人対物事故が発生している場合は、相手方への連絡や修理工場の手配、病院の手配などを行う。

コールセンターに変わるLINEトーク

近年では、電話を嫌う若者が増えていること、コールセンター

204

コールセンターの役割の例

LINEでの保険金請求の流れの例

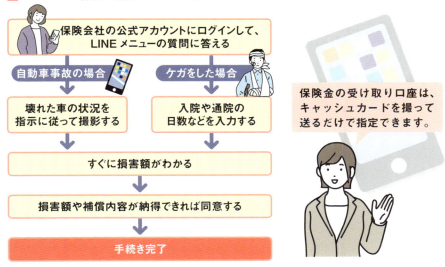

経費の削減などの観点から、LINEによる自動応答システムを導入している損害保険会社も増加しています。三井住友海上では、LINEトークで保険に関する質問に自動で応答できるシステムを導入しています。対応できない場合は、対応可能なコールセンターや部署を紹介するなど、使い勝手がよいしくみです。事故報告はもちろんのこと、自動車事故対応の経過も確認できます。

Chapter8
09

求められるのは時代の先を読む力

ニーズに合わせた保険商品の開発「商品開発部門」

損害保険会社では、営業部門が保険を販売し、査定部門が保険金を支払います。それらの保険を開発しているのが商品開発に関わる部署です。損害保険会社の根幹を担っているのが商品開発といえます。

事故の発生率や予想損害額から保険料を設計

損害保険会社の保険商品の開発に携わっているのが、商品開発や商品企画と呼ばれる部署です。

損害保険は、顧客のリスクをカバーすると同時に損害保険会社に利益をもたらさなければなりません。そのため、統計学や数学、確率論などを用いて不確定な要素を数値化し、それを保険商品に落とし込んでいきます。

ただし、商品企画部のすべての社員が、数字を用いて保険を開発しているわけではありません。市場のニーズの調査や分析を担当する社員や金融庁との折衝を行う社員、約款を作成する社員なども存在します。

商品企画は時代の変化を読み取る力が求められる

損害保険に求められる商品・サービスは、時代の流れに従って変わっていきます。例えば、自動車保険の事故の報告1つをとってみても、大きく変わりました。昔は電話で事故報告を受け付けていましたが、その後ファックスが導入され、さらにウェブフォームによる報告が取り入れられるようになり、近年では**LINEでの事故報告**も複数の保険会社が導入しています。

このような時代の変化に合わせて商品を開発、改定するのも商品開発や企画と呼ばれる部署の仕事です。また、商品を開発するだけでなくそれに合わせたシステムの変更や開発なども業務に含まれます。

損害保険業界では、自動車の保有率の低下などによって、自動車保険の収益が伸び悩んでいますので、新たな収益源を探り当てるべく各社がさまざまな新商品を日々開発しています。

約款
保険金が支払われる場合や支払われない場合などの告知事項が記載されている書類。契約時に郵送もしくはウェブにて交付される。

LINEでの事故報告
損保ジャパン、三井住友海上、SBI損保、あいおいニッセイ同和などで導入されている。LINEで損害箇所の写真を送信するなどの機能も備える。

▶ 契約者の声が活かされる商品開発

▶ 日本の新車の販売台数の推移

（△印は減）

	2019年 1-12月 累計(台)	2018年 1-12月 累計(台)	前年同期比 (%)	2019年 12月 (台)	2018年 12月 (台)	前年同月比 (%)
普通車	3,284,870	3,347,943	△1.9	226,951	250,879	△9.5
軽自動車	1,910,346	1,924,124	△0.7	117,924	136,646	△13.7
合計	5,195,216	5,272,067	△1.5	344,875	387,525	△11.0

出典：日本自動車販売協会連合会、全国軽自動車協会連合会のデータをもとに作成

2019年と2018年の1年間の新車の販売台数を比較すると、全体で1.5％減少しています。さらに12月に限って比較すると11.0％の減少となり、販売台数が前年より伸び悩んでいることがより顕著に現れています。

Chapter8

10

損害保険会社も資産運用で収益を上げる

重要性が高まる「資産運用部門」

損害保険会社では契約者から集めた保険料を原資として、適切なリスクの範囲内で資産運用を行っています。損害保険業界の利益の大部分は資産運用利益が占めており、非常に重要な部門です。

損害保険会社が行う資産運用方法

損害保険会社は顧客の保険料を原資に資産運用を行うため、保険業法によって可能な資産運用方法が細かく取り決められています。代表的なものは次のとおりです。

・有価証券の取得	・不動産の取得
・金銭の貸付	・金銭債権、短期社債の取得
・金地金の取得	・不動産信託
・指数先物取引	・金融先物取引
・先物外国為替取引	・有価証券に関するデリバティブ取引

金地金
金塊のことで「インゴット」「ゴールドバー」とも呼ばれる。

社内の資産運用部門で資産運用を行うとともにグループ企業に資産運用専門会社を設けている会社もあります。SOMPOホールディングスではSOMPOアセットマネジメントという会社が、グループ企業や顧客の資産を運用しています。

利益の大半を占める資産運用利益

2018年度の日本損害保険協会所属の損害保険会社の保険引受収益は約9兆5,128億円、資産運用収益は約8,468億円でした。保険引受収益の比率が圧倒的に高いのですが、保険引受収益から支払保険金や損害調査費、営業費や管理費などを差し引いた、保険引受利益は約1,926億円です。それに対して、資産運用粗利益は約7,448億円と、損害保険業界においては資産運用が業界全体に大きな利益をもたらしていることがわかります。

損害保険業界全体が運用している資産は2018年度末の時点で約28兆1,604億円で、その内訳の74.5%が有価証券です。運用

損害調査費
保険金支払いのための調査にかかる費用。外部の調査会社に調査を委託する費用を含む。

保険引受利益
保険料などの収入から支払った保険金や営業費などを差し引いた利益のこと。

208

▶ 資産運用部門の位置付け（あいおいニッセイ同和損保の例）

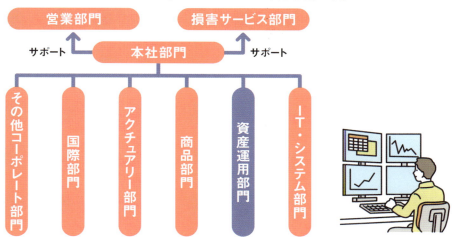

契約者から預かった保険料を安定して運用し、保険商品を低価格・低リスクで提供することを目的とした部門。経済や市場の動きを先読みし、確実に保険金を支払える体制を整える

出典：あいおいニッセイ同和損保

▶ 資産運用収益と資産運用粗利益の比較

（単位：百万円、△印は減）

	2017年度	2018年度	比較増減	増減率（％）
保険引受収益	9,128,875	9,512,844	383,969	4.2
資産運用収益	754,297	846,813	92,516	12.3
保険引受利益	279,822	192,608	△87,214	△31.2
資産運用粗利益	601,046	744,888	143,842	23.9

出典：一般社団法人日本損害保険協会の資料をもとに作成

保険引受と資産運用を収益で比較すると、「資産運用収益」の割合は低い。しかし、利益で比較すると「資産運用粗利益」の割合が高いことから、資産運用が損保業界全体に大きな利益をもたらしていることを示している

2017年度と2018年度を比べてみると、保険引受利益は31.2％減少しています。しかし、資産運用粗利益は23.9％も増加しており、資産運用部門の仕事が損保会社の経営に大きく貢献していることがわかります。

利益の内訳は、利息や配当金収入が約5,743億円、有価証券売却益が約3,913億円となっています。

Chapter8

11

損保会社で扱うすべての事故に関わる重要な部門

損害の程度を査定する「損害調査部門」

損害保険会社で営業部門と同様に重要な役割を担っているのが損害調査部門です。損害調査部門は損害保険業界独特の部門で、業務内容もほかの部門とは一線を画しています。

事故はすべて損害調査部門が査定する

損害保険業界では、交通事故や火災などの事故が発生すると、すべての案件が損害調査部門で査定されます。請求された保険金が妥当であるか、事故に疑わしい点はないか、などの観点から事故や損傷などを調査して、妥当であると判断すると保険金が支払われます。

損害調査部門は、自動車保険、火災保険、新種保険などの保険の種目によって分かれており、それぞれ専門の社員が損害を査定します。査定の過程で、保険金詐欺などの**モラル案件**を発見する役割もありますので、事故の状況や損傷を丁寧に確認するのが査定部門の仕事です。

自動車保険ではほかの保険とは異なり、契約者よりも保険会社が手配すべき書類が多く、担当者がさまざまな手続きを行わなければなりません。

モラル案件
保険契約者による保険金搾取を目的とした偽装事故や、保険契約前の事故を契約後の事故に装うなどの疑いがもたれる案件。火災保険に多い。

自動車保険の査定は分業制

自動車保険にはさまざまな補償がありますので、それによって担当が分けられている保険会社がほとんどです。通販型損保のなかには1事故1担当者制を導入しているところもありますが、ほとんどの保険会社が内部で担当を分けています。対人賠償責任保険の被害者や人身傷害保険を請求した契約者を担当するのが、賠償社員や賠償主任、賠償主事と呼ばれる社員です。彼らが人身系の事故の被害者に対応します。

車両保険や対物賠償責任保険などに対応するのが、一般職の女性社員やアジャスターと呼ばれる車の専門家です。彼らは、事故の相手方との示談交渉や修理工場の手配や保険金の支払い、契約

210

▶ 自動車保険査定の担当

賠償社員
賠償主任
賠償主事

人身系の事故の被害者を担当
- 対人賠償責任保険の被害者・人身傷害保険を請求した契約者への対応

一般職の女性社員　アジャスター

車両保険や対物賠償責任保険などを担当
- 示談交渉
- 修理工場の手配
- 保険金の支払い

- 賠償社員や一般職、アジャスターなどが行った保険金支払いの最終確認
- 弁護士との調整

者対応などを行います。

　これらの異なる職種を束ねているのが、総合職です。賠償社員や一般職、アジャスターなどが行った保険金支払いの最終確認を行います。また、重要な案件では総合職の社員が示談交渉や**弁護士**との調整を行います。

📍 火災新種保険の査定はスピードと広い知識が求められる

　火災新種保険の査定部門では、火災保険だけでなく傷害保険など、自動車保険以外の個人向け損害保険の請求にも対応しています。自動車保険ほど保険金請求件数が多くないため、一人の担当者が複数の保険種目を取り扱うことも少なくありません。そのため、幅広い知識が求められます。

　また、大災害が発生すると火災保険の請求が急増するため、損害保険会社は全国各地から応援を集めて膨大な保険金支払い手続きを行います。2018年度は大きな災害が発生したことから、火災保険の保険金支払い額が急増しました。

弁護士
自動車保険では、被害者が弁護士に交渉を依頼した場合や、被害者の要求が度をこしている場合、訴訟を提起した場合などに弁護士に対応を一任することがある。

火災新種保険
火災保険、傷害保険や自転車保険、賠償責任保険などの保険のことをいう。

Chapter8
12

事故現場の調査から示談交渉まで幅広い業務をこなす

自動車保険調査の専門家「アジャスター」

自動車保険の損害調査部門に欠かせないのがアジャスターと呼ばれる車の専門家です。自動車の損傷箇所の鑑定だけでなく、事故現場の調査や事故状況と損傷箇所の整合性の確認など、必要とされる知識は多岐にわたります。

多岐にわたるアジャスター業務

自動車保険では、車両保険からは契約者の車の修理代が支払われ、対物賠償責任保険からは相手の車の修理代が支払われます。アジャスターは、修理工場から入手した見積書や写真と、事故状況との整合性のチェックを行います。例えば、事故受付書には「バックしていたら電柱に損傷」と記載されているのに、損傷箇所が右のドアだったなど事故状況と損傷箇所が相違している場合にはさらなる調査が必要となります。

また、修理工場が提出した見積書の修理内容と修理金額が妥当かどうかも判断します。部品の交換が必要なのか、修理が可能なのかを判断して修理工場と交渉するのも仕事の1つです。さらに、修理工場の見積書が高額な場合は、妥当な金額への減額交渉も行います。自動車の損傷が大きい場合や、整合性に著しい問題がある場合は、修理工場やディーラーに赴いて損傷箇所などを念入りに確認します。また、事故現場を確認して事故状況を検証することもあります。

アジャスターの業務は、自動車の構造や修理などに深い知識が必要とされるため、彼らの多くはディーラーのナービス担当出身です。なかには、専門学校を卒業してアジャスターになる人もいます。アジャスターは合格率が非常に低い資格試験を受験しなければならないので、若手のアジャスターは日夜資格試験の勉強にも追われています。

相手との示談交渉も行う

アジャスターは、自動車の損害確認だけでなく、対物事故の相手方との示談交渉を行うことがあります。原則として、一般職女

資格試験

アジャスターの資格試験には、見習技術アジャスター新規登録試験を始め、さまざまなランクアップ試験がある。

示談交渉

自動車保険では、事故の相手方との示談交渉を保険会社が代行する。契約者側に過失がある場合のみ、示談代行が可能。

212

▶ 保険の種目別の保険金支払額

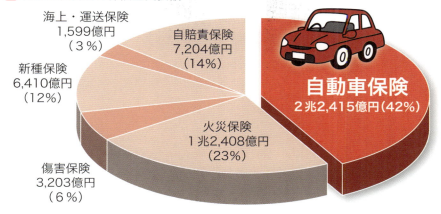

- 海上・運送保険 1,599億円（3％）
- 自賠責保険 7,204億円（14％）
- 新種保険 6,410億円（12％）
- 傷害保険 3,203億円（6％）
- 火災保険 1兆2,408億円（23％）
- 自動車保険 2兆2,415億円（42％）

出典：一般社団法人日本損害保険協会のデータをもとに作成

2018年度の保険金支払額を保険の種目別に円グラフにすると、自動車保険の支払額は全体の42％と高い割合を占めています。保険業界にとって自動車保険の扱い額は大きいので、それに関わるアジャスターの仕事も重要視されているのです。

性社員や派遣社員、若手の総合職の社員などが、示談交渉に当たりますが、交渉が難航する事案や、相手の自動車の損傷が大きく**全損**になった場合は、アジャスターが交渉に臨むケースが少なくありません。

アジャスターは、電話だけでなく面談で相手方と交渉することもあります。ときには事故の現場で、契約者、相手の保険会社、相手の4者が集合して4者面談を行うこともあるのです。

全損
自動車保険の全損には車両保険の全損と、対物賠償責任保険の全損がある。アジャスターが対応するのは対物賠償責任保険の全損。

 ONE POINT

アジャスターはどっちの味方？

自動車事故で車が破損した場合、車の専門家であるアジャスターが事故内容について詳しく話を聞いたり、事故状況と損傷箇所の調査を行ったりして、適正な損害額を決めます。ところが、修理を引き受ける工場は少しでも利益を上げようと修理代を高く見積もることがありますし、保険契約者が損害額に納得しないこともあります。そんなとき、アジャスターはどちらの味方にもつかず、中立で冷静な判断をくだします。

Chapter8
13

事故や災害で生じた損傷を鑑定

火災新種保険調査の専門家「損害保険登録鑑定人」

火災新種保険の損害鑑定は、損害保険登録鑑定人の仕事です。損害保険会社の多くは、損害保険登録鑑定人認定試験に合格した社外の鑑定人に鑑定業務を委託しています。

火災新種保険の保険対象は多岐にわたる

損害保険会社が取り扱う火災保険や新種保険の、保険の対象はさまざまです。火災保険であれば建物や家財道具が中心ですが、賠償責任保険は、契約者が損傷させたものであればすべて保険の対象となります。建物だけでなく、電車の踏切や信号、高速道路の構造物、建機などありとあらゆるものを鑑定しなければなりません。書面だけで鑑定することもありますが、損害額が大きい場合やモラル案件が疑われる場合などは現場に赴き損害確認を行います。

それらを専門的な知識によって鑑定し、損害額を算定するのが損害保険登録鑑定人です。また、契約時に保険金額を決定するために、保険対象の物件の価値を見積もる仕事も鑑定人業務の1つです。

損害保険鑑定は、資格がなくても行うことができますが、多くの鑑定人は損害保険登録鑑定人の資格を保有しています。

大災害時には全国から鑑定人が集結する

損害保険登録鑑定人は、通常時は地元の損害保険会社の依頼により地元で発生した事故や災害で生じた損傷の鑑定を行っています。しかし、ひとたび大きな災害が発生すると、全国から被災地に鑑定人が派遣されます。東日本大震災や大型台風の襲来などのように、甚大な被害が生じた場合は、地元の鑑定人だけでは鑑定業務が滞ってしまいます。

東日本大震災では、全国から鑑定人を集めても人数が足りず、自動車鑑定の専門家であるアジャスターも建物の損害確認業務にあたっていました。

損害保険登録鑑定人の資格
損害保険協会が実施している認定試験に合格した人に与えられる。技能によって、1・2・3級のランクがある。

損害保険登録鑑定人の役割

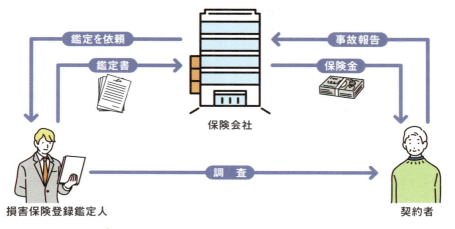

モラル案件の例

ケース1　事故を起こした日時を偽る
例　自動車事故を起こした直後に自動車保険に入り、契約期間に事故を起こしたことにして保険金を請求した

ケース2　故意に事故を起こす
例　火災保険に入り、自分で建物に放火して保険金を請求した

ケース3　偽りの申告をする
例　飲酒運転で事故を起こしたときに、実際に運転していた人と違う人の名前で申告した

ケース4　二重請求をする
例　自動車事故で車を修理したときに、複数の修理工場からの修理代を請求した

IT化が進む損害鑑定業務

　従来は、損害鑑定の業務は現地での確認が基本といわれていましたが、IT技術の発達により、立ち会わずに鑑定できるケースも増えてきました。ドローンを活用した損害調査や、契約者が撮影した写真をLINEで送信してもらって損害確認をするなどのケースも増加しており、より迅速に損害確認が行える保険会社が増えています。

ドローンを活用した損害調査
東京海上日動火災や三井住友海上などがドローンを損害調査に活用している。

COLUMN 8

損害保険業界における保険金不払い

業界を震撼させた損保会社の保険金不払い

　損害保険の保険金不払い問題が明るみに出たのは、2005年の富士火災海上保険の自動車保険の特約に関する保険金不払いでした。それを発端として金融庁が損害保険会社各社に調査を求めたところ、26社が3年間で約18万件、約84億円の保険金の支払いもれなどが発覚しました。その後も、数社で不払いが発覚したことから金融庁は各社に再度調査を指示し、不払い保険金の総額は約381億円に上ることが公表されました。損害保険会社の保険金不払いの多くは、自動車保険の主契約に付随する特約部分や付随的な保険金の不払いでした。

　また、人身傷害保険の差額部分の不払いも指摘されています。契約者が自身の過失ゼロの事故によってケガをした場合、相手方の保険会社から対人賠償責任保険、もしくは自身の保険会社から人身傷害保険により治療費や慰謝料が支払われます。対人賠償責任保険と人身傷害保険の慰謝料計算方法が異なっているため、ほとんどのケースで人身傷害保険の慰謝料のほうが高額になります。この場合、契約者は対人賠償責任保険で受け取る慰謝料と人身傷害保険の慰謝料の差額を保険会社から受け取ることができるのです。しかし、実際には多くの損害保険会社がこれを支払っていませんでした。

不払い問題の背景と対策

　損害保険業界で不払いが多発した背景には保険会社による意図的な案内不足があります。保険会社は、請求されたら支払うという意識が強く、能動的に保険金請求を促すことはしていませんでした。

　また、損害保険会社の社員が付随的な保険金の存在を知らない、あるいは支払えるケースを把握していないという側面もありました。これを受けて各保険会社は、事故を受け付けた際には支払い対象となる保険を「口頭及び文書で通知する」「システムでフォローする」などの対策を講じるようになりました。

第9章
保険会社の実力を
はかる指針

保険を選ぶときには、将来、間違いなく保険の支払い
が行われるかどうかという点も気がかりです。つまり、
保険会社の経営状態を正しく知っておく必要があるの
です。第9章では、保険会社の実力を知るための方法
やチェックすべき点について説明します。

会社の決算などの資料公開が義務付けられている

関心が高まる保険会社の「ディスクロージャー」

ディスクロージャーとは、企業が公開している会社の概況や組織、業務内容に業績、資産の状況などの情報です。すべての生命保険会社が、決算後にディスクロージャーを公開しており、インターネット上での閲覧も可能です。

ディスクロージャーで情報開示し、透明性を確保

すべての保険会社は、保険業法によってディスクロージャー誌（公開情報を掲載した冊子）の作成を義務付けられています。ディスクロージャーという名称ではなく、「決算のご報告」、「○○生命の現状」などの名称で公開されていることもあります。法令によって開示事項が定められていると同時に、生命保険協会では、自主的に開示すべき項目を掲げています。

ディスクロージャーは、これによって経営の透明性が高まるという生命保険会社側にとってのメリットがあるだけでなく、就職や契約を考えている消費者にとっても経営体質や収益を把握できるなどの利点があります。

保険会社の決算
各保険会社の決算は、3月31日で、全社統一されている。

ディスクロージャーの見るべきポイントは収益力と健全性

ディスクロージャーにはさまざまな情報が掲載されていますが、まず確認すべき項目は収益力と健全性です。

収益力をいち早く確認できるのが基礎利益です。基礎利益とは保険会社の基礎的な損益の状態を表す指標で、保険事業での収支、運用関係での収支などから構成されます。また、現在が順ザヤなのか、逆ザヤなのかも確認できます。予定利率により見込んでいる運用収益を実際の運用収益が上回っていれば順ザヤとなり、下回っていれば逆ザヤです。さらに、生命保険会社の資産の運用利回りも確認ポイントになります。

これらの情報は、保険料の算出や配当金の金額を左右するものですので、一契約者であっても知っておくと安心です。

健全性については、ソルベンシー・マージン比率を確認することで把握できます。これについては次項で詳しく解説します。

▶ ディスクロージャー誌の主な内容

会社の概況	沿革、組織、店舗網、株式・株主の状況（株式会社）、総代（相互会社）、役員、従業員の状況など
業務の内容	主要な業務の内容、経営方針など
事業の概況	商品一覧、営業職員・代理店体制、公共福祉活動など
財産の状況	決算書類（貸借対照表、損益計算書など）、不良債権の状況、ソルベンシー・マージン比率、有価証券等の時価情報など
業務の状況	決算業績の概況、契約増加率の指標、資産運用の概況など
会社の運営	リスク管理の体制、法令順守の体制、個人データ保護についてなど

出典：一般社団法人生命保険協会

すべての保険会社では、事業年度ごとにディスクロージャー誌を作成・公開しています。各保険会社のホームページからも閲覧が可能ですので確認してみましょう。

▶ ディスクロージャー誌の見るべきポイント

収益力
- 基礎利益の金額
- 順ザヤか逆ザヤか

健全性
- ソルベンシー・マージン比率

収益力と健全性をチェックすることで保険会社の経営状況を大まかに把握することができます。

Chapter9 02

経営の健全性をはかる指標を開示

経営の健全性維持と契約者の保護

生命保険業界は、バブルの崩壊以後に経営破たんが相次いだこと、保険金支払いを揺るがしかねない逆ザヤの状態が続いていたこと、経営状態が契約者に大きな影響を与えることから、経営の健全性の維持が求められています。

ソルベンシー・マージン比率の導入

保険業界では、経営の健全性をはかる指標としてソルベンシー・マージン比率を開示しています。

ソルベンシー・マージン比率は、簡単にいうと大災害などが発生した際の支払い余力を把握する指標で、1995年の改正保険業法の施行により導入されました。

契約者からの保険金請求があった場合、通常では、支払いは責任準備金からまかなわれます。しかし、大規模災害などが発生したときには一度に大きな金額が動くため、責任準備金だけではまかないきれなくなってしまいます。そのため、保険会社は自己資本や準備金から保険金を支払うことになります。

ソルベンシー・マージン比率は予想外のリスクに対応する力があるかどうかを把握するための指標ですから、これを知ることで、契約者や今後契約を考えている人が、容易に保険会社の経営状態の健全性を把握できるようになりました。

責任準備金
生命保険会社が、将来の保険金給付や解約返戻金支払いのために積み立てているお金のこと。保険業法によって保険種類ごとに積み立てることが義務付けられている。

経営危機対策と契約者への情報開示

国内の生命保険会社は、経営危機への対策として生命保険契約者保護機構に加入しています。この機構では、生命保険会社が破たんした場合には保険契約を引き継ぐ「救済保険会社」への資金援助を行っています。また、救済保険会社が現れないときには保険を引き受ける「承継保険会社」を設立するための資金を援助したり、機構自らが契約を引き継いだりします。

契約者を保護する方法の1つとしては、ディスクロージャーの公開義務があります。前項でも述べたように、ディスクロージャーでは総資産や保険の契約件数、収支の内訳や運用利回り、不良

220

生命保険契約者保護機構の概要

- 設立：1998年12月1日
- 目的：保険契約者の保護
- 会員：国内の全生命保険会社
- 生命保険会社が破たんした場合に、保険契約を一定の条件で継続できるよう支援・手続きを行う
- 破たん時点の責任準備金の原則90％まで補償

生命保険会社が破たんした場合の手続き

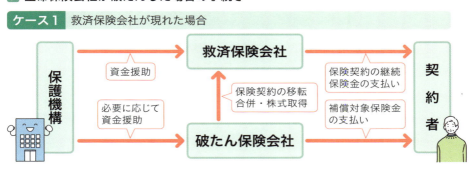

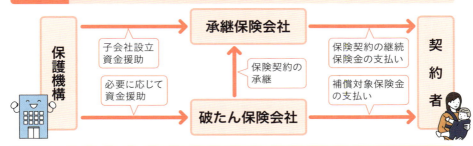

- 救済保険会社が現れた場合は、その保険会社が契約を引き継ぐ
- 救済保険会社が現れなかった場合には、保護機構が子会社として承継保険会社を設立し、保険契約を承継する
- 子会社を設立せず、保護機構自体が契約を承継する場合もある

債権に関する情報などが開示されており、生命保険会社の経営状態を誰もが把握できるのです。

　これらの取り組みにより、保険契約が保護されるだけでなく、生命保険会社を選ぶ、あるいは契約を継続する際に、適切な判断ができるようになりました。

Chapter9
03

保険会社の支払い余力がわかる

経営の健全性を示す「ソルベンシー・マージン比率」

前項目で述べたソルベンシー・マージン比率について詳しく解説します。ソルベンシー・マージン比率を知ることで、保険会社の支払い余力を誰でも判断できるようになりました。

ソルベンシー・マージン比率は保険金の支払い余力

ソルベンシー・マージン比率とは、保険金の支払い余力のことです。保険会社は、将来の保険金や解約返戻金の支払いのために責任準備金を積み立てています。責任準備金があれば、通常予測されている範囲内の保険金などの支払いに対応することが可能となります。

しかし、大規模災害の発生など予測の範囲を超えた事態が起きた場合は、責任準備金だけではすべての保険金請求に対応できなくなる可能性があります。その場合は、責任準備金だけでなく、保険会社の資産から保険金を支払うことになります。その支払い余力をどれくらい有しているかがわかるのがソルベンシー・マージン比率です。

ソルベンシー・マージン比率の最低ラインは200%

純資産
会社の資産総額から負債総額を差し引いた金額のこと。

有価証券の含み益
保有する有価証券が買ったときよりも値上がりし、売却したとすれば出るであろう利益のこと。

ソルベンシー・マージン比率は、**純資産**や**有価証券の含み益**などの合計を諸リスクの合計額で割り算して計算します。金融庁では、ソルベンシー・マージン比率が200％未満になった保険会社には、早期是正措置を勧告しますので、200％が支払い余力を示す最低ラインとなります。

ただし、ソルベンシー・マージン比率だけで経営の安全性を完全に判断できるわけではありません。実際に、ソルベンシー・マージン比率が基準を超えている会社が破たんした事例もありますので、実質純資産や基礎利益などの指標の確認も必要です。

金融庁による早期是正措置には、ソルベンシー・マージン比率が100％以上200％未満の場合、0％以上100％未満の場合、0％未満の3つの区分があります。

222

ソルベンシー・マージン比率の求め方

$$\text{ソルベンシー・マージン比率(\%)} = \frac{\text{支払い余力 の総額}}{0.5 \times \text{リスク の総額}} \times 100$$

支払い余力:
- 資本金などの自己資本
- 各種準備金　など

リスク:
- 災害などにより保険金支払いが増加するリスク
- 運用環境の悪化による資産減少リスク　など

ソルベンシー・マージン比率は保険会社の健全性をはかるための指標の1つで、一般的には200％以上が安全性の目安といわれています。ただ、この数値だけで安全性を評価できるわけではないため、ほかの指標と合わせて評価するようにしましょう。

2018年度主な生命保険会社のソルベンシー・マージン比率

単位(％)

会社	比率	会社	比率
みどり生命	4363.6	SOMPOひまわり生命	1507.5
ネオファースト生命	3134.3	大同生命	1271.9
メディケア生命	2815.8	フコク生命	1189.7
ソニー生命	2590.5	かんぽ生命	1188.0
ライフネット生命	2085.2	大樹生命	1132.2
東京海上日動あんしん生命	2063.6	T&Dフィナンシャル生命	1101.7
アリアンツ生命	1862.6	チューリッヒ生命	1064.9
アクサダイレクト生命	1803.5	SBI生命	1045.4
オリックス生命	1720.8	FWD富士生命	1029.7
三井住友海上あいおい生命	1681.8	ニッセイ・ウェルス生命	988.4

出典：各生命保険会社の決算資料をもとに作成

　ソルベンシー・マージン比率が100％を下回ると、配当の禁止や配当金の減額、剰余金の分配の禁止などが命じられますので、契約者にとっても不利益が生じることになります。

　0％未満になった場合は、業務停止命令が命じられることもあります。

Chapter9 04

保険会社の運用利回りと利益を知る

「予定利率」と「基礎利益」で各社の実力をチェック

生命保険会社の予定利率と基礎利益は、各社の運用の実力や経営の実態を把握できる重要な指標です。ここでは予定利率と基礎利益の意味や、これらの指標からわかることを確認しておきましょう。

予定利率で保険料が大きく変わる

生命保険会社の==予定利率とは、運用によって見込まれる利率のこと==です。運用実績が予定利率を上回れば順ザヤ、下回れば逆ザヤとなります。逆ザヤになると、保険会社は自らの資産から保険金などを支払うことになり、経営が大きく圧迫されます。

予定利率が高ければ逆ザヤのリスクも高くなるといえますが、その分保険料は安くなります。バブル期以前の生命保険は予定利率が非常に高く、少ない保険料で十分な保障を受けることができました。しかし、現在では生命保険会社各社の予定利率は非常に低い状態です。予定利率を決めるのは、個別の保険会社の判断となりますが、==多くの保険会社は金融庁が国債の利回りを参考にして定めた標準利率をもとに、予定利率を決めています==。バブル崩壊以降は標準利率が低下し続けていますので、生命保険の予定利率も1％未満という保険会社がほとんどです。

生命保険会社は、国債などの債権による資産運用の割合が高く、長期国債の金利はマイナス圏にいることから、今後も予定利率は低い状態が続くと考えられます。実際に、終身保険の標準利率が０％に引き下げられることが決定しています。

基礎利益でわかる収益力

キャピタル損益
有価証券の売却などに伴う利益と損失のこと。

生命保険会社の三利源
死差益、利差益、費差益の３つの利益のことをいう。

保険会社の==基礎利益は、経常利益からキャピタル損益と臨時損益を差し引く==ことで求められます。基礎利益は、保険会社が「本業でどれくらい利益を出しているか」を示す指標です。株式の売却益は排除するなど相場変動の影響を除外していますので、==生命保険会社の三利源==からの収益がわかり、生命保険会社の収益力を明確に判断できます。

224

▶ 標準利率の推移

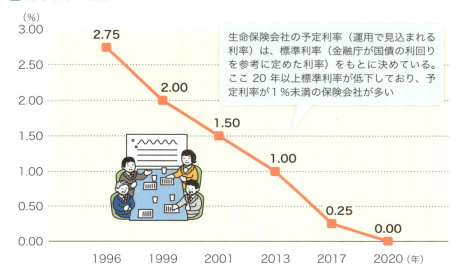

生命保険会社の予定利率（運用で見込まれる利率）は、標準利率（金融庁が国債の利回りを参考に定めた利率）をもとに決めている。ここ20年以上標準利率が低下しており、予定利率が1％未満の保険会社が多い

▶ 基礎利益の求め方

基礎利益 ＝ 経常利益 － キャピタル損益 － 臨時損益

基礎利益とは、一般の会社でいう営業利益に近いもので、生命保険会社がどのくらい利益を出しているのかを示す指標です。生保の本業である保険関係の収支と運用関係の収支から構成されています。株価などの相場変動の影響を除外しているため、ほかの年度と比較することが可能です。

👉 ONE POINT

生命保険会社の利益の源泉

生命保険会社の収益は「死差益」「利差益」「費差益」の「三利源」からわかります。死差益は予定死亡率よりも実際の死亡率が少なかった場合に、利差益は予定していた運用収入よりも実際の運用収入が多かった場合に、費差益は見込んでいた事業費より実際の事業費が少なくてすんだ場合に発生する利益のことです。なお、損害保険の場合は「利差益」「費差益」「危険差益」が「三利源」となります。

Chapter9 05

保険会社の現状の財力を示す

マイナスは業務停止命令「実質純資産額」

実質純資産額は保険会社の経済状態を示す指標です。前述したソルベンシー・マージン比率と並んで保険会社の財務状況を推しはかるための重要な指標ですので、こちらも把握しておきましょう。

保険会社の財力がわかる実質純資産額

実質純資産額とは、有価証券や有価固定証券の含み損益などを反映した時価ベースの資産の合計金額から、**資産性の高い負債**以外の負債を差し引いて算出するものです。なお、含み損益は、帳簿価額と時価との差額のことで、時価が帳簿額を上回ると売却益が得られます。

実質純資産額は、会計上の純資産よりも大きな金額になり、これによって**保険会社の現状の財力がわかります**。前述したように、ソルベンシー・マージン比率は支払余力を示す指標ですので、この2つを知ることで保険会社の健全性を判断する目安にすることができるのです。

実質純資産額は行政が監督するうえでも使われている指標の1つで、これが**マイナスになると債務超過と見なされて、金融庁による業務停止命令などの措置**が講じられます。

ただし、実質純資産額は生命保険会社の規模によって異なるため、単純に比較することはできません。そこで、生命保険会社の実質純資産を比較する場合は、**実質純資産比率**を使います。

資産性の高い負債
価格変動準備金や危険準備金などは資産性が高いことから、実質純資産額を算定する際は負債には算入しない。

実質純資産比率
実質順資産比率は、実質純資産額の一般勘定総資産に対する比率のこと。

金融庁による行政処分

上記以外にも、金融庁はさまざまな行政処分をくだす権限を有しています。指標の低下による行政処分だけでなく、**不適切な保険の販売や、保険金の支払い**などについても金融庁が処分をくだします。このような処分は、市場の公正性を確保したり、利用者を保護したりするために有効です。

2019年にはかんぽ生命による不適切な販売問題で、金融庁による立ち入り検査が行われ、行政処分が検討されました。

▶ 実質純資産額の求め方

実質純資産額 ＝ 時価ベースの資産の合計 ー 負債

有価証券や不動産などの資産は時期によって価格が変動するので、時価ベース（算出時点での価格）で計算する

実質純資産額は、保険契約者に保険金を支払った後に、保険会社にどのくらい資産が残るのかを示したものです。いわば、会社の自己資本のような意味合いをもちます。

▶ 保険会社の健全性を示す指標

実質純資産額	ソルベンシー・マージン比率
保険会社の現在の財力を示す	支払い余力を示す

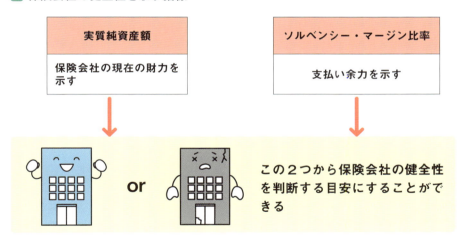

この2つから保険会社の健全性を判断する目安にすることができる

実質純資産額はどうやって知る？

実質純資産額は実質資産負債差額とも呼ばれ、保険会社の財力を示す指標の1つです。以前は非公開にしている保険会社が多かったのですが、最近ではその重要性が再認識され、ディスクロージャー誌などで公開している企業が増えてきています。

Chapter9 06

契約高だけでは判断できない業績を表す

生命保険会社の勢いを示す「ANP」

生命保険は日々新しい商品が誕生しており、従来の指標では業績を正しく判断できないことがあります。そのために誕生したのが、ANPと呼ばれる新契約年換算保険料です。

ANPは1年換算の保険料

ANP
Annualized New business Premiumの略。

ANPは、2004年頃に登場した保険会社の業績を表す指標です。ANPとは新契約年換算保険料のことで、以下のようにして求められます。

・複数年契約の一時払いの場合

複数年契約で、保険料が一時払いの場合は、保険料÷契約年数＝ANP。例えば、保険料が300万円で保険期間が10年の場合の年換算保険料は30万円となります。

・月払いの場合

保険料の支払いが月払いの場合は、保険料×12＝ANP。例えば月額保険料が5,000円で、12回払いの場合の年換算保険料は6万円となります。

ANPが公開されているのは、個人保険、個人年金保険、医療保険、介護保険などです。

保険商品の多様化により誕生した指標

契約高
生命保険会社が年度末に保有している死亡保険金額や年金原資の額などを合計したもの。新規に獲得した契約については新規契約高で把握できる。

従来は、生命保険会社の勢いを表す指標として、契約高が主に使われていました。契約高とは死亡保障金額の合計額です。契約の多くが死亡保障をメインとしていた時代では契約高だけで業績を正しく把握することが可能でした。しかし、近年ではがん保険や介護保険や医療保険など、死亡保障金額が非常に少ない第三分野の保険が主流となってきているため、従来の契約高では正しく保険会社の業績を判断できなくなりました。そこで、それを補完する指標としてANPが登場したので国内生命保険会社の年換算保険料は2006年から12年連続で上昇を続けており、2018年3月末時点では約28.6兆円と、12年間で約10兆円も増加しました。

ANPの計算例

ANP（新契約年換算保険料）…契約期間中に平均して支払うと仮定した場合、生命保険会社が1年間に得る保険料収入

例1
保険期間10年、一時払い保険（保険料300万円）の場合
- ANP＝30万円
（300万円÷10年）

例2
月額保険料5,000円、月払い保険の場合
- ANP＝6万円
（5,000円×12回）

生命保険会社のANPの推移

年度	保有契約の年換算保険料（億円）	うち第三分野（億円）
2014	252,229	57,047
2015	261,953	59,373
2016	274,832	62,286
2017	278,752	65,317
2018	286,759	68,504

出典：一般社団法人生命保険協会「2019年版生命保険の動向」

近年主流となりつつある医療・介護など第三分野の保険契約の増加に伴い、保有契約のANPは年々増加しています。

Chapter9
07

80〜90%なら経営状態は正常

損保会社の収益力を示す「コンバインド・レシオ」

損害保険会社の収益力をはかる重要な指標が、コンバインド・レシオです。ここでは、コンバインド・レシオの計算方法や概要、評価方法などを確認しておきましょう。

コンバインド・レシオから経営状態がわかる

コンバインド・レシオは会社の収益力を示す指標で、正味損害率と正味事業費率を合算したものです。正味損害率とは、保険料収入に占める保険金の支払いの割合です。そして、正味事業費率は、保険料に占める経費の割合を表します。

コンバインド・レシオは、一般的には80%から90%前後が適正といわれており、100%を超えると経営状態が芳しくないと判断されます。

例えば、保険料収入が100億円で、保険金の支払いが85億円、経費が5億円だった場合、損害率は85%、事業費率は5%となり、コンバインド・レシオは90%ということになります。このような数値であれば、経営状態は適正とみなされます。しかし、保険料収入が100億円で、支払保険金が100億円、経費が20億円の場合は、損害率は100%、事業費率は20%となり、コンバインド・レシオは120%となってしまうため、経営は赤字であると考えられます。

正味損害率と正味事業費率の内訳

正味損害率は、正味支払保険金に損害調査費を足したものを正味収入保険料で割った割合のことです。例えば、正味支払保険金と損害調査費が50億円、正味収入保険料が100億円の場合は、正味損害率は50%となります。正味事業費率は、代理店手数料や集金費用、営業費、一般管理費などを正味収入保険料で割ったものです。正味事業費率では、保険会社の経営の効率がわかります。

正味収入保険料は、契約者より徴収した保険料や再保険の保険料から、支払った再保険の保険料、積立保険の満期返戻金を差し

損害調査費
保険金支払いのための損害調査に要した費用。損害鑑定人やアジャスターなどに支払う費用も含む。

代理店手数料
損害保険会社の多くは代理店を介して契約を行っており、代理店への手数料の支払いが発生する。

230

> コンバインド・レシオの推移

コンバインド・レシオは一般的には80%から90%前後が適正といわれていますが、自然災害などの要因で一時的に変動する場合があります。ほかの指標と合わせて総合的に判断しましょう。

引いたものです。

　損害保険会社の正味収入保険料は全体的には上昇を続けているといえますが、たび重なる大災害の発生により正味損害率も高くなる傾向にあります。ちなみに、東日本大震災のあった2011年のコンバインド・レシオは117.2％と悪化し、2018年は101.6％でした。

第三者が保険会社の経営状態を評価

財務力や支払能力の指標「格付評価」

保険会社各社は、投資家や契約者が自社の経営状態や信用力を判断する指標として、第三者である格付会社に評価を依頼しています。日本では、格付投資情報センターやムーディーズ・ジャパンなどが格付けを行っています。

格付会社の格付手法とその意義

格付会社は、保険会社の依頼によって保険会社が開示している情報やアナリストが独自の手法で分析した結果をもとに格付けを行います。日本では、格付会社は独立性や公正性などの観点で、格付会社としての体制が整備された会社のみが信用格付業として金融庁の登録を受けることができます。

格付会社によってその評価手法はさまざまです。ムーディーズ・ジャパンや、格付投資情報センターは、生命保険会社と損害保険会社を別の手法で格付けをしていますが、Ｓ＆Ｐグローバル・レーティング・ジャパンでは、同じ評価基準で格付けを行っています。

これらの格付けは、投資家に向けて行われるものであり、保険金の支払い能力だけを判断しているものではありませんが、保険会社の信用力をはかる有効な指標の１つです。

信用格付業
日本で登録されている信用格付業者は、株式会社日本格付研究所、ムーディーズ・ジャパン株式会社、ムーディーズＳＦジャパン株式会社、Ｓ＆Ｐグローバル・レーティング・ジャパン株式会社、株式会社格付投資情報センターなどがある。

格付会社による格付評価の信用

格付会社が保険会社の格付けを行う際は、市場のシェアやブランド力、販売チャネルの豊富さや、リスクの分散度合い、高リスク資産の占める割合や、再保険によって回収される見込みがある金額、資本の基盤や収益性、準備金の十分性などさまざまな指標を多角的に、経営状態や信用力を判断します。

格付会社が行う格付けは、保険会社からの依頼に基づき保険会社が費用を支払って行われています。

格付評価対象から費用を受け取っていることから、格付会社の格付けを信用に足らないと考える投資家も存在します。実際に、サブプライムローン問題により引き起こされた金融危機の一因が、

▶ 保険金支払能力格付けの例

AAA	保険金支払能力は最も高く、多くの優れた要素がある
AA	保険金支払能力は極めて高く、優れた要素がある
A	保険金支払能力は高く、部分的に優れた要素がある
BBB	保険金支払能力は十分であるが、将来環境が大きく変化する場合、注意すべき要素がある
BB	保険金支払能力は当面問題ないが、将来環境が変化する場合、十分注意すべき要素がある
B	保険金支払能力に問題があり、絶えず注意すべき要素がある
CCC	保険金支払不能に陥っているか、またはその懸念が強い。支払不能に陥った保険金は回収が十分には見込めない可能性がある
CC	保険金支払不能に陥っているか、またはその懸念が極めて強い。支払不能に陥った保険金は回収がある程度しか見込めない
C	保険金支払不能に陥っており、保険金の回収もほとんど見込めない

出典：日本格付け投資情報センターのウェブサイトをもとに作成

> AAからCCCについては、上位格に近いものに＋（プラス）、下位格に近いものに－（マイナス）の表示がされることがある
> 〈例〉A－、CCC＋

▶ 格付けの流れ

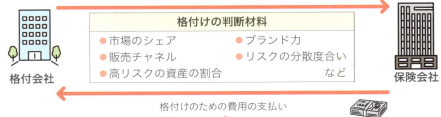

> 保険会社から依頼され、費用も支払われていることから、この格付けを信用しない投資家もいる

格付会社の格付けにあるとして、アメリカでも問題になっていました。ムーディーズがサブプライムローン担保証券の格付けを不当に高く設定していたというのです。最終的には、2017年1月にムーディーズが約990億円を支払うことで、21の州及び司法省と和解を結んでいます。

日本でもこの問題を受けて信用格付業者制度が創設され、金融庁の基準を満たした企業のみが、格付業を行うことができるとされています。

COLUMN 9

トップセールスマンは MDRT を目指す

MDRTとは？

MDRTとは、世界約500社、70ヶ国以上の地域で活躍する、7万2,000人以上の生命保険・金融のプロフェッショナルが所属している国際的な組織です。

そのメンバーは、相互研鑽と社会貢献活動を活動の柱とし、ホール・パーソン（バランスのとれた人格を志向すること）を目指しています。

MDRTに入会するためには、厳しい営業成績基準を満たしていなければなりません。2020年度の入会基準は、収入ベースで約1,800万円、保険料ベースでは約3,143万円です。日本では高収入の象徴とされる医師の平均年収1,230万円と比較すると、MDRTの入会基準がいかに厳しいかがわかるでしょう。

MDRTの歴史と日本での歩み

MDRTが設立されたのは、1927年です。全米生命保険外務員協会の副会長のポール・クラーク氏が、年間成績が100万ドル以上の約50人の保険セールスマンに呼びかけ、32人がアメリカのメンフィスに集合しました。彼らが会議室の円卓を囲んで議論したことが、Million Dollar Round Table ＝ MDRT という名前の由来です。

日本ではアメリカでの設立から4年後の1931年に3人がMDRTに登録されました。当時は世界の登録者数が168人しかいませんでしたので、彼らの実力のほどがうかがえます。

その後、1970年に保険セールスの神様といわれた故・原一平氏のはたらきかけにより、MDRTのなかで日本会という組織が発足しました。当時の会員は17人でした。

日本会の会員は順調に増え続け、発足から50年が経過した2019年4月1日現在、会員数は6,309人となっています。なお、MDRTの会員資格は有効期限が1年なので、会員資格を維持するためにはたゆまぬ努力が必要となります。日々研さんを積んだトップセールスマンが参加し、業界をけん引するリーダーとして多方面で活躍しています。

第 10 章

インシュアテックと
保険業界の未来

最新のテクノロジーを駆使し、これまでの概念にはな
かった商品を作ろうとする動きが現れてきています。
それは保険（Insurance）と技術（Technology）
を組み合わせたインシュアテックと呼ばれるもので、
従来の保険会社では提供できなかった新商品や新サー
ビスが次々に開発されています。

保険業法の規制がネック

現行保険業法とインシュアテック

インシュアテックとは、Insurance（保険）とTechnology（技術）を組み合わせた造語です。保険業界において、多くの企業がテクノロジーを活用した保険商品の開発やサービスの提供を始めています。

📍 多数の損保で商品化済みの「テレマティクス保険」

損保業界ではすでに実用化されているインシュアテックも多数存在します。有名なものが自動車保険の**「テレマティクス保険」**です。==テレマティクス保険とは、損害保険会社が自動車に設置した機器やアプリによって運転状況や走行距離などの情報を取得しそれによって保険料を算出したり、運転者支援のサービスを提供==したりする保険です。

走行距離を保険料に連動させるタイプや、急ブレーキの回数などをカウントして保険料に反映するタイプがあります。またそれだけでなく、運転状況によって居眠りアラートが発せられたり、あるいは事故状況を把握できるなどのサービスを提供している会社もあります。

2019年12月現在では、あいおいニッセイ同和損害保険、三井住友海上火災保険、東京海上日動火災保険、損保ジャパン、チューリッヒ保険でテレマティクス保険を販売しています。

📍 保険業法によるインシュアテックの規制で出遅れる日本

保険業法では、保険会社が取り扱う商品や行う業務について厳しく規制を設けており、==保険会社は保険業法で認められている業務以外の業務は行うことができません==。保険業法で保険会社に認めている業務は、「**固有業務**」「**例示的付随業務**」「その他付随業務」です。インシュアテックで提供するサービスがこの3つのうちのどれかに該当しなければ行うことができません。例えば、自動車保険に付属しているレッカーサービスは、「その他付随業務」に該当します。

また、==保険業法では、契約者や見込み客に「特別の利益」を提

テレマティクス保険
「テレマティクス（Telematics）」とは「テレコミュニケーション（Telecommunication／電気通信）とインフォマティクス（Informatics／情報処理）を合成した造語で、自動車などの移動体に携帯電話などの移動通信システムを利用してサービスを提供することの総称。

固有業務
生命保険会社における固有業務とは「保険の引受け」と「有価証券等の運用」の2点。

例示的付随業務
保険会社の本業に付随する業務のこと。デリバティブ取引といった金融業に関する業務の代行などを指す。

▶ テレマティクス保険の概要

供してはならないと定めています。例えば、保険料を割引したりキャッシュバックしたりする行為です。したがって、保険会社が提供するインシュアテックを用いたサービスが、徴収する保険料に対して過剰になっている場合は、保険業法に違反していることとなり、サービスの提供が難しくなります。

このように、保険会社には保険業法によってさまざまな規制が課されていることから、日本のインシュアテックは諸外国と比べて出遅れている状態です。

ONE POINT　生命保険のインシュアテック

生命保険の分野では、ウェアラブル端末からデータを取得する健康増進型保険が商品化されています。生命保険会社の定めた基準をクリアすると、保険料の割引やキャッシュバックが受けられることがあります。

Chapter10	ビッグデータやブロックチェーン技術の取り入れ

テクノロジーの活用

テクノロジーの発展により、さまざまな技術が保険業界でも活用されるようになりました。ビッグデータの活用、ブロックチェーン技術の保険への応用やデータドリブン型保険の登場など、日々技術革新が進んでいます。

ビッグデータを活用した健康増進型保険

生命保険業界では、ビッグデータを解析して保険商品の開発や健康増進サービスの提供、利便性の向上などを図る動きが加速化しており、これらは健康増進型保険と呼ばれています。

例えば、第一生命ではビッグデータによる商品開発などを含めたプロジェクトを推進しており、すでに「健康診断割引特約」という特約を商品化しています。これは、健康診断書を提出すると割引が受けられ、その内容が優良であれば優良割引が適用されるというものです。医療ビッグデータを解析した結果、保険加入時に健康診断を受診している人は三大疾病リスクが1割、死亡リスクが約3割少ないことがわかり、この割引が開発されました。また、同社では、3年の契約更新時に健康年齢をチェックして保険料を決定する保険も販売しています。

さらに、保険会社では、健康年齢チェックや健康づくりプログラムに対するアプリも提供しています。

このほかに、健康保険組合から受領したレセプトのデータや健康診断のデータを匿名化して医療ビッグデータを構築し、生命保険会社や損害保険会社に提供するサービスを行っている企業も存在しています。

ブロックチェーンと保険

ブロックチェーンとは、ビットコインやイーサリアムなどの暗号資産に使われているシステムです。分散型台帳技術と呼ばれ、参加者がインターネット上で情報を共有しています。ブロックチェーンは、データの書き換えが不可能であることや、管理者が不在でダウンタイムがゼロであることから、**フィンテック**のかなめ

暗号資産
ビットコインやイーサリアム、リップルなどのインターネット上でやり取りできる通貨のこと。以前は、仮想通貨と呼ばれていたが、2018年5月31日に改正された資金決済法に基づき暗号資産と呼ばれるようになった。

フィンテック
Finance（金融）とTechnology（技術）を組み合わせた造語。金融サービスと情報技術を結びつけたさまざまな革新的な技術やサービスのことをいう。

▶ 健康増進型保険のしくみ

▶ 従来型とブロックチェーン型の比較

とされてきました。

　特に保険業界に親和性が高いのがスマートコントラクト機能です。スマートコントラクトとは、契約内容や執行条件をプログラミングしておくことで、条件達成時に自動的に取引が実行されるものです。例えば、保険金の支払い条件をあらかじめプログラミングしておけば、支払い条件を満たした場合に保険金が自動的に支払われるというシステムです。ブロックチェーン技術が保険業界に取り入れられれば、さまざまなシーンで業務が効率化されることになります。

Chapter10
03

先進技術の開発により事故リスクが軽減

先進安全自動車で変わる
自動車保険

自動車業界では、長らく自動運転技術の開発が行われています。自動運転はまだ一般向けには実用化されていないものの、その技術の一部が自動車に取り入れられており、事故リスクの軽減に大きく貢献するようになりました。

先進安全自動車と自動車保険

先進安全自動車（ASV） とは、先進技術を利用してドライバーの安全運転を支援するシステムを搭載している自動車のことをいいます。日本では1991年から先進安全自動車を推進する計画を推奨しており、現在では衝突被害軽減ブレーキ（AEB）や、ペダル踏み間違い時加速抑制装置、車間距離制御装置（ACC）、車線逸脱警報装置などが実用化されています。損害保険会社では、衝突被害軽減ブレーキを搭載している自動車の保険料を割り引く「ASV割引（またはAEB割引）」を提供しています。東京海上日動、三井住友海上、損保ジャパン、ともに割引率は9％です。

先進安全自動車（ASV）

ASVとはAdvanced Saftey Vehicleの略。ドライバーの認知、判断、操作などをサポートし、安全に運転するためのシステムを搭載している自動車のこと。

自動運転技術の開発を進める企業と業務提携

2019年2月、損保ジャパンは、株式会社ティアフォーとアイサンテクノロジー株式会社とともに、インシュアテックソリューションの開発に向けた業務提携契約の締結を発表しました。損保ジャパンは、自動運転技術によって開発された**自動運転車両**の走行環境データ分析に基づくデジタル保険商品の開発や、自動運転の実証実験に対する自動車保険の提供を行っています。また同社は、2019年12月には、複数企業が参加する実証実験に参加するなど、自動運転の実用化に向けて意欲的に取り組んでいます。

なお、自動運転の実証実験に対するリスクを補償する保険については、三井住友海上や損保ジャパンが提供を発表しています。自動運転車両の自動車保険には、自動車を販売した企業側の責任が問われることが想定できるため、賠償責任保険や機械保険などを組み合わせた自動車保険が求められることになります。

自動運転車両

自動運転車両は世界的に開発が進められており、公道を安全に無人で走行することができる自動車の開発も行われている。すでに、公道での実証実験が何度も実施されており、交通事故の減少が大きく期待されている。

240

先進安全自動車の主な機能

衝突被害軽減ブレーキ（AEB）
障害物に感知して、追突事故の被害を軽減したり、回避したりするための装備。車に搭載したセンサーが障害物を検知し、衝突のおそれがある場合は、音や警告灯で運転者に知らせる

ペダル踏み間違い時加速抑制装置
ブレーキとアクセルの踏み間違いを防ぐための装置。障害物があるにも関わらずアクセルペダルを踏みこんだ場合に、エンジンの出力が制御され、同時に音で運転者に知らせる

車間距離制御装置（ACC）
前方の車との距離を一定に保つための装置。車に搭載したセンサーが前を走る車との距離を計測し、必要なときは自動的にアクセル操作とブレーキ操作を行って車間距離を一定に保つ

車線逸脱警報装置
運転している車が車線を逸脱することを防ぐ装置。車に搭載したセンサーが道路上の白線を認識し、運転者が無意識のうちに車線をはみ出しそうになったとき、音や警告灯で知らせる

ASV割引（またはAEB割引）の適用条件の例

車種区分	割引対象	割引期間
自家用普通乗用車	衝突被害軽減ブレーキの搭載	型式の発売から3年以内
自家用小型乗用車		型式の発売から3年以内
自家用軽四輪自動車		型式の発売から3年以内

ASV割引は2018年1月から導入されたもので、割引率は一律9％です。

Chapter10
04

リスクの高い人は保険料も高額になり、支払いが難しくなることも

保険難民の出現の可能性

現在、生保・損保ともに、インシュアテックの活用によるリスクの細分化と保険料の差別化に取り組んでいます。この傾向が今後加速すると、近い将来「保険難民」が出現するのではと危惧する意見もあり、注目を浴びています。

リスクの細分化によって保険料が差別化

　ビッグデータの活用により、健康診断の結果による保険料の割引などのサービスがすでに実用化されています。自動車保険ではテレマティクス保険という、運転傾向や走行距離によって保険料が増減する商品が販売されており、若者を中心に人気を集めています。これらの商品に共通しているのは、リスクが低ければ保険料が安く、リスクが高ければ保険料が高くなるという点です。

　保険金請求リスクが低い人にとっては、非常にありがたいサービスであり保険会社とともにWin-Winの関係といえます。しかし、リスクが大きい人にとっては、保険料が高額になる可能性があります。保険料の割引を受けるために、健康に気を遣う、安全運転を心がけるといったプラスの面もありますが、経済的に困窮している人にとっては保険にすら加入できないという事態に陥りかねないのです。

すでに自動車保険で存在する保険難民

　自動車保険では、生命保険よりも細かくリスクを細分化しており、保険加入の際は保険会社が独自に規定する条件にしたがって保険の引き受けの可否を決定していました。引き受けの際に、特に重視されるのが過去の保険金の請求歴です。事故を多発している場合や等級が1等級のままの人などは自動車保険の加入を断られるケースがありました。また、「加入は認めるものの、対人賠償責任保険及び対物賠償責任のみとする」というように、加入条件が指定されることもあり、これなども一種の保険難民といえます。

　また、年齢条件を課すことで保険料を割引する自動車保険にお

等級
自動車保険では契約者を事故実績に応じて1～20等級に区分し、等級ごとに割増引率を定めている。

242

▶ 自動車保険の等級による割増引率の例

等級	無事故等級	事故有等級
20等級	63%割引	44%割引
19等級	55%割引	42%割引
18等級	54%割引	40%割引
17等級	53%割引	38%割引
16等級	52%割引	36%割引
15等級	51%割引	33%割引
14等級	50%割引	31%割引
13等級	49%割引	29%割引
12等級	48%割引	27%割引
11等級	47%割引	25%割引
10等級	45%割引	23%割引
9等級	43%割引	22%割引
8等級	40%割引	21%割引
7等級	30%割引	20%割引
6等級	19%割引	19%割引
5等級	13%割引	13%割引
4等級	2%割引	2%割引
3等級	12%割増	12%割増
2等級	28%割増	28%割増
1等級	64%割増	64%割増

※割増引率は保険会社によって異なる

初めて契約するときは6等級または7等級からスタート

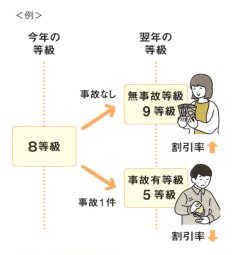

自動車保険の等級は事故がなければ翌年は1等級上がり、事故があれば1事故につき原則3等級下がります。

いては、若年層が運転する場合は保険料が割高となり、資力が低い若者が自動車保険に加入しにくいなどの問題も抱えています。今後、リスクの細分化が進めばさらに保険料の割高感が生じてしまい、保険に加入できない人が増えてしまうと考えられているのです。

👉 ONE POINT
自動車保険の等級は各保険会社間で共有されている

自動車保険の適用等級は日本損害保険協会を通じて各保険会社で共有されています。そのため、新たな自動車保険を結ぶときに、前年度の契約の有無や適用等級を確認することができます。契約者が、等級が下がったことを隠したまま保険会社を乗り換えようとしてもすぐに露見し、契約後に発覚した場合はその契約は解除されます。

巨大IT企業が保険分野へ進出

スタートアップ企業・異業種の参入

現在、保険業界にはさまざまなインシュアテックを始めようとする企業が登場してきています。また、異業種大手企業からの参入の動きも進んでいます。ここでは世界的な動向と各社の動きについてみていきましょう。

国内外のインシュアテックスタートアップ企業の動向

海外では、インシュアテックのスタートアップ企業が多数登場しており、2017年には2,420億円の資金調達に成功しています。資金調達の過半数は北米で行われており、当分野への関心の高さがうかがえます。

また、北米の動向は日本に大きく影響しますので、今後は日本でもインシュアテックスタートアップ企業の躍進が期待されます。実際に2018年には株式会社JustInCaseという会社が、90秒で加入できるスマホ保険などのユニークな商品を発表して注目を集めました。同社は2019年12月現在で推定10億円の資金調達に成功しており、今後の活躍が期待されています。

アメリカで進む巨大IT企業の保険分野進出の動き

アメリカに本社をおくAmazonでは、保険業界への参入の動きが進んでいるといわれています。欧州の複数の大手保険会社に対して、Amazonが計画している保険比較サイトへの参加の意思を確認したり、自社の社員に対する独自の健康保険プログラムを提供したりするなどの動きがあるのです。また、Appleでは、医療機関や大学と連携したヘルスケアのリサーチや、Apple Watchへの心電図機能の搭載によるFDAの認可を受けるなどの取り組みが行われています。

日本でも、インターネットショッピングモールの楽天が、楽天生命保険や楽天損保などを展開する、あるいは家具量販店のニトリが保険代理店業に乗り出すなど異業種の参入がさかんです。ビックカメラ、損保ジャパン、アメリカのスタートアップ企業トロブの3社が共同で開発した、デジタル家電を補償対象とするオン

FDA
米国食品医薬品局（Food and Drug Administration）の略称。FDAでは食品や医薬品の許認可を行っている。

▶ 保険分野における異業種参入事例

楽天インシュアランスHD	2013年から楽天生命保険としてスタートさせ、2018年には損保とペット保険事業に参入
ニトリHD	2015年より、日本生命と提携した保険ショップ「ニトリのほけん」をニトリの店舗内に設置
ドコモ	2016年より、首都圏の店舗で保険の提案や販売を実施。また、スマホから保険に加入できる「ドコモ保険ナビ」という保険のポータルサイトを設置
リクルートHD	2010年より、「ゼクシィ保険ショップ」をオープン。新婚カップルなどを対象に保険の相談・加入ができる
LINE	2018年より、損保ジャパンと提携し、LINEのアプリ上で保険を販売
ビックカメラ	2019年より、損保ジャパン及びトロブと共同でデジタル家電を補償対象とするオンデマンド型保険「ビック1日から保険」を発売

全国展開する小売店などが保険会社と提携することで保険事業に続々と参入しています。これにより新しい保険商品が開発されたり、保険会社にとっては今まで接点のなかった顧客層への販路の拡大が見込めます。

デマンド保険である「ビック1日から保険」も、保険の異業種参入として注目を集めました。

👉 ONE POINT

「P2P保険(ソーシャル保険)」とは？

近年、世界で「P2P保険」という新しいタイプの保険が注目を集めています。そのしくみとは、保険のグループ購入などにより契約者同士がリスクをシェアし、一人に何かあった場合には全員で負担を分け合うというものです。通常の保険より保険料が割安で、保険料の内訳がわかりやすいというメリットがあると考えられています。日本では2020年1月にJustInCaseが「わりかん保険」というP2P型のがん保険の販売を始めました。今後日本でも浸透するのか関心がもたれています。

第10章 インシュアテックと保険業界の未来

Chapter10
06

ライフスタイルの変化に合わせて販売方法も多様化

ネット、スマホ、LINEなどの販路拡大

従来の生命保険や損害保険は、対面で販売する形態が取られてきました。しかし近年では、働き方やライフスタイルの多様化に合わせ、インターネットやアプリなどを利用した販売方法が取られるようになりました。

生保加入チャネルはテレビからインターネットへ

生命保険文化センターの2018年の統計によると、今後どのようなチャネルから生命保険に加入したいかという質問への回答で最も多いのが営業職員によるもので、26.9%でした。インターネットやテレビ、新聞などによって加入したいと回答した割合は全体の16.2%です。2006年の割合は15.9%ですので、全体に占める割合はほぼ横ばいです。内訳をみるとテレビ、新聞、雑誌などの割合は低下していますが、インターネットを通じて加入を希望する割合は上昇しています。

また、損害保険の分野においては、通販型自動車保険における全体の保険料収入に占める割合は7～8%程度ですが、年々上昇しています。

アプリで加入できる保険の増加

損害保険会社各社は、「1日自動車保険」などの名称で、スマートフォンアプリやサイトから契約が完結する保険を売り出しています。これは、自動車を所有していないけれど、運転する機会はあるという若年層をターゲットにした商品です。

また、日本での利用率が8割を超えているLINEでの保険募集もさかんに行われています。LINE Financial株式会社と損保ジャパンが共同で開発した「LINEほけん」というサービスでは、家族まで補償対象者となる個人賠償責任保険や、半日から加入できる自動車保険、スキー・スノーボードの保険、自転車の保険など若年層をターゲットとしたさまざまな保険を販売しています。こちらも従来の保険に対して手続きが簡略化されており、スマートフォンのアプリで手軽に契約ができるようになっています。

1日自動車保険
レンタカーや友人・知人の車を借りることを想定した保険で、自分が所有している自動車は補償対象にならない。1日単位で加入できる。

自転車の保険
自転車による交通事故での高額賠償事例が取り沙汰され、自転車の賠償責任保険の加入が増加している。

▶ 通信販売による生保加入を検討している人の割合

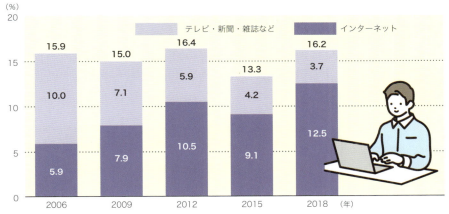

出典：公益財団法人生命保険文化センター「平成30年度生命保険に関する全国実態調査」をもとに作成

> インターネットによる加入を検討している人の割合は年々増加しており、テレビ・新聞・雑誌などによる加入を大きく上回っています。

▶ 「LINEほけん」の一例

かぞく全員安心保険

主な補償内容	保険金額	補償対象者	保険料
個人賠償責任保険 ※示談代行サポート付き	1億円	被保険者とその家族	140円/月
傷害入院保険金	日額500円	被保険者	

スキー・スノボ安心保険

主な補償内容	保険金額	保険料
携行品損害	5万円	1日 300円
救援者費用などの補償	200万円	
賠償責任	1億円	
入院保険金	日額2,000円	
死亡・後遺障害保険金	160万円	

半日からの自動車保険（車両保険なし）

主な補償内容	保険金額	保険料
対人賠償責任保険	無制限	半日(12時間) 400円 1日(24時間) 500円
対物賠償責任保険	無制限	
搭乗者傷害特約	1,000万円（一時金払い・1名につき）	
自損事故傷害特約	1,500万円（1名につき）	

> すべての契約手続きは、LINEのアプリ上ですませることができます。

※2020年3月10日現在

第10章 インシュアテックと保険業界の未来

Chapter10
07

これまでの保険では扱っていなかったものが続々登場

ミニ保険市場の拡大

少額の保険料で身近なトラブルに備えるミニ保険市場が拡大しています。日本少額短期保険協会によると、2019年末時点で契約は前年比110％と大きく増加しています。

少額短期保険（ミニ保険）
少額で短期間の保障（補償）を受けられる保険のこと。保険の種類も多く、手軽に加入できることから注目を集めている。

加入のしやすさと参入の容易さから拡大するミニ保険市場

ミニ保険とは、少額短期保険と呼ばれる分野の保険です。弁護士費用を補償する保険や、スマートフォンの画面割れを補償する保険、ペット保険、宿泊代金のキャンセル費用を補償する保険など、いろいろなリスクに対応する保険が販売されています。ミニ保険は通常の保険会社よりも設立が容易であることから、さまざまな業種が参入してきました。東急不動産やヤマダ電機、セキスイハイム不動産、エポスカードのエポスなどが少額短期保険会社を設立しており、今後も多くの企業の参入が見込まれます。

結婚や不妊治療中まで補償できるミニ保険

ミニ保険市場では、従来の保険では実現できなかった補償が提供されています。例えば株式会社アソシアが提供する結婚式保険では、不慮の事故などで結婚式が延期になった場合のキャンセル費用や貸衣装を破損した際の修繕費用などを補償します。また、アイアル少額短期保険株式会社が提供している「子宝エール」では、不妊治療中でも加入できる医療保険です。他社の保険では不妊治療中であることを理由に保険の加入を断わられるケースが多いのですが、この保険では条件を満たせば加入できます。

このほかにも、従来の**自動車保険の補償範囲**に含まれていなかった自動車部品の故障に対して修理代を支払う保険も登場しています。

なお、少額短期保険は保険契約者保護機構の制度の対象となりません。その代わりに契約者保護のため業務開始時に最低1,000万円、また毎期一定の供託金を法務局に供託することが義務付けられています。

自動車保険の補償範囲
自動車保険は、基本的には交通事故のみを補償対象としており、故障や劣化による損傷は補償対象外である。一部の保険では故障した場合のレッカーやレンタカー費用を補償するものもあるが、修理費自体は補償されない。

248

▶ 少額短期保険の保有契約件数と収入保険料の推移

出典：一般社団法人日本少額短期保険協会の資料をもとに作成

拡大が続く短期保険市場では、保有契約件数・収入保険料ともに年約10％ずつ成長しています。

▶ 少額短期保険業者の保険内訳

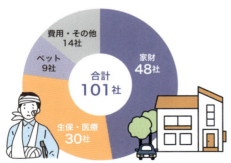

出典：一般社団法人日本少額短期保険協会の資料をもとに作成

少額短期保険会社は登録制で、比較的参入が容易なため、今後も異業種などからの参入が見込まれます。

ONE POINT
少額短期保険はユニークな商品が多い？

少額短期保険会社は、第一分野（生命保険）・第二分野（損害保険）・第三分野（医療保険）の3種類の保険を取り扱うことができます。このことにより、より柔軟に契約者のニーズに合わせた保険の開発が可能となっており、貸衣装を破いてしまったときの修繕費用を補償するなど、ユニークなものがたくさんあります。

索引

記号・アルファベット・数字

ANP ································· 228
LINEでの事故報告 ············· 206
MDRT ······························ 234
P2P保険 ···························· 245
1日自動車保険 ···················· 246
2020年女性管理職30％ ······· 128, 200
2025年問題 ························· 20
2035年問題 ························· 20
3メガ損保 ····················· 164, 178
3メガ損保体制 ················· 18, 164

あ行

アクチュアリー ················ 44, 142
アジャスター ················· 158, 212
アナリスト ························· 136
暗号資産 ···························· 238
アンダーライター ················ 140
育英年金 ···························· 106
医師の診査 ························· 78
一般営業部門 ······················ 202
一般勘定資産 ······················ 86
医療保険 ············ 64, 72, 106, 108,
················· 110, 138, 228, 248
インシュアテック ················ 236
飲酒運転 ···························· 172
インターネット生保 ·············· 146

インフラ ···························· 116
受取人 ······························· 80
営業業務 ···························· 192
営業部門 ················· 132, 190, 202

か行

海外生命保険会社の買収 ············ 30
海外損害保険会社の買収 ············ 30
外貨建て保険 ······················ 96
介護費用保険 ···················· 50, 153
外資系 ··························· 18, 54
外資系損保 ························· 48
海上保険 ················· 34, 161, 174
買増 ································· 81
解約返戻金 ·············· 70, 80, 88, 92
学資保険 ················· 64, 68, 106
格付評価 ···························· 232
確定給付企業年金制度 ·········· 14, 142
確定拠出型年金 ···················· 130
確定拠出年金制度 ················· 14
掛け金 ······························· 28
掛け捨て保険 ···················· 70, 98
火災新種保険 ················· 211, 214
火災保険 ··············· 22, 40, 148,
················· 150, 180, 184, 214
家財保険 ······················ 150, 181
カタカナ系 ························· 18
がん保険 ························· 84, 110

250

かんぽ生命 ………………………… 28
機関投資家 ………………… 36, 124
企業営業部門 ……………………… 202
企業総合補償保険 ………………… 186
基準料率 …………………………… 152
基礎利益 ……………… 16, 218, 224
記名被保険者 ……………………… 163
逆ザヤ ………………… 94, 218, 224
キャピタル損益 …………………… 224
キャリアパス ………………… 126, 198
休日の事故対応 …………………… 196
給付金 ……………………………… 80
共済 ………………………… 28, 60
共済発展系 ………………………… 18
行政処分 …………………………… 226
銀行の窓口販売 …………………… 96
金融ビッグバン …………………… 46
クーリングオフ …………………… 60
契約者 ………………… 36, 74, 80
契約者貸付 ………………………… 81
契約者変更 ………………………… 81
契約高 ……………………………… 228
決算 ………………………… 90, 218
現金払い …………………………… 81
健康増進型保険 …………………… 238
研修 ………………………… 126, 198
高額賠償 …………………………… 26
高額療養費制度 …………………… 108

後期高齢者 ………………………… 20
交通事故の初動対応 ……………… 204
公的保険 …………………………… 38
高度障害 …………………………… 76
公平の原則 ………………………… 36
後方支援部門 ……………………… 140
高齢者 ……………………… 20, 176
コールセンター …………………… 204
告知義務 …………………………… 162
告知義務違反 ………………… 76, 78
告知書 ……………………………… 78
国内生保系 ………………………… 18
国民年金基金制度 ………………… 14
個人営業 …………………………… 132
個人事業主 ………………………… 118
個人年金保険 ………………… 72, 104
個人保険 …………………………… 74
護送船団方式 ……………………… 170
固有業務 …………………………… 236
ゴルファー保険 ………………… 148, 186
コンバインド・レシオ …………… 230
コンプライアンス部 ……………… 190

さ行

財形保険 …………………………… 106
再調達価額 ………………… 162, 180
再保険 ……………………… 160, 184
再保険金 …………………………… 160

再保険料 …………………………… 160	…………………… 188, 212, 240, 242
査定業務 …………………………… 192	自動振替制度 ……………………… 81
査定部門 …………………… 190, 192	自賠責保険 ………………… 50, 182
三原則 ……………………………… 46	死亡保険 …………………………… 88
参考純率 ………………… 22, 152	死亡保険料 ………………………… 66
三層構造 …………………………… 118	死亡保障 …………………………… 72
三大疾病保障保険 ……………… 42	社員向けの保険料割引 ………… 195
算定会 …………………… 50, 176	就業不能保険 ……………… 18, 107
算定会制度 ………………………… 50	集合研修 …………………… 193, 198
三利源 …………………… 86, 224	収支相等の原則 ……………… 36, 66
時価額 …………………… 162, 180	終身払込 …………………………… 102
始期 ………………………………… 76	終身保険 ……… 70, 88, 102, 224
死差益 ………………… 86, 90, 225	集団扱い …………………………… 163
資産運用部門 ……………… 136, 208	重要事項説明書 …………………… 172
資産性の高い負債 ……………… 226	主契約 ……………………………… 88
地震危険補償特約 ……………… 184	順ザヤ …………………… 94, 218
地震保険 …………………… 50, 184	純資産 ……………………………… 222
システム開発部門 ……………… 144	純保険料 …………… 44, 66, 152
示談交渉 …………………… 158, 212	少額短期保険 ……………… 187, 248
示談交渉サービス ……………… 162	消費者物価指数 …………………… 68
失効 ………………………………… 81	商品開発部門 ……………… 138, 206
実質純資産額 ……………………… 226	正味収入保険料 ………… 16, 178, 230
実損形式 …………………………… 150	正味損害率 ………………………… 230
実損払い …………………… 42, 148	女性管理職 ………………… 128, 200
実損補てん型がん保険 ………… 110	所得補償保険 ……………………… 14
自転車保険 ………………………… 26	新種保険 …………………………… 16
自動車営業部門 …………………… 202	人的保険 …………………………… 150
自動車保険 ……………… 148, 150, 182,	信用格付業 ………………………… 232

索引

スタートアップ企業 ………… 169, 244
スマートコントラクト ………… 239
生死混合保険 ……………… 42, 88
生存保険 ………………… 42, 88
生存保険料 ……………………… 66
生存保障 ………………………… 72
生保標準生命表 ………………… 44
生保レディ …………………… 134
責任準備金 …………… 54, 92, 220
設計書 ………………… 140, 144
先進安全自動車 …………… 23, 240
先進医療 …………………… 110
全損 …………… 162, 182, 213
相殺 ……………………………… 81
ソルベンシー・マージン比率 …… 60,
………………………… 218, 220, 222
損害調査 ………………… 158, 215
損害調査費 ………… 168, 208, 230
損害調査部門 …………………… 210
損害賠償金 …………………… 154
損害保険登録鑑定人 …………… 214
損害保険料率算出機構 …… 22, 50, 152
損害率 …………………… 162
損保系 ……………………………… 18

た行

第一分野 ………………………… 42
第三分野 ………… 16, 39, 42, 56

大数の法則 ……………………… 66
第二分野 ………………………… 42
ダイバーシティ ………………… 197
代理店扱い ………………… 130, 174
代理店営業 ………… 118, 130, 132, 192
代理店手数料 …………… 168, 230
頼母子講 ………………………… 35
団体保険 ………………… 74, 130
遅延利息 ………………………… 58
直扱い ………………… 163, 174
貯蓄保険 ……………………… 106
チルメル式 ……………………… 92
通常配当 ………………………… 90
通販型生命保険 ………………… 44
通販型損害保険会社 …………… 18
通販型損保 …………………… 170
積立 ……………………………… 81
積立型損害保険 ………… 152, 156
積立配当金 …………………… 104
積み立て保険 …………………… 70
定期保険 ………… 70, 88, 98
逓減定期保険 …………………… 98
ディスクロージャー ………… 218, 220
逓増定期保険 …………………… 98
テレマティクス保険 ………… 236, 242
テレワーク ……………………… 197
転勤 ………………… 120, 126, 194
等級別料率制度 ……………… 163

253

トーア再保険株式会社 ……………… 160
特別配当 ……………………………… 90
特約 ……………………………… 64, 88
特約組立型保険 …………………… 107

な行

日米保険協議 ………………………… 48
日数払い …………………………… 163
日本アクチュアリー会 ……… 92, 142
日本地震再保険株式会社 ………… 184
日本損害保険協会 ………………… 156
任意保険 …………………… 150, 182
ネット炎上保険 …………………… 26
ネット系 ……………………………… 18
年金払積立傷害保険 ……………… 156
ノーロス・ノープロフィット原則
………………………………………… 184
ノンフリート料率 ………………… 163

は行

賠償社員 …………………… 158, 210
賠償責任保険 ………… 148, 150, 214
反社会的勢力 ……………………… 172
販売チャネル ……………………… 132
判例タイムズ ……………………… 155
引受基準緩和型保険 ……………… 106
引受義務 …………………………… 172
引受拒否 …………………………… 172

費差益 ………………………… 86, 90, 225
被保険者 …………………… 40, 74, 80, 162
標準利率 ……………………… 22, 94, 224
ファンドマネージャー …………… 136
部位症状別払い …………………… 163
フィンテック ……………………… 238
付加保険料 ………………… 44, 66, 152
福利厚生 …………………………… 74, 194
復活 …………………………………… 81
物的保険 …………………………… 150
芙蓉系 ……………………………… 123
フリート料率 ……………………… 163
フレックス制度 …………………… 121
ブローカー扱い …………………… 174
ブローカー制度 …………………… 47
ブロックチェーン ………………… 238
平準純保険料式 …………………… 92
平準定期保険 ……………………… 98
ベストアドバイス義務 …………… 175
弁護士 ……………………………… 211
弁護士保険 ………………………… 186
法人営業 …………………………… 130, 132
保険外交員 ………………………… 134
保険期間 …………………………… 80
保険業法 ………… 60, 86, 125, 170, 236
保険金 ………………………… 76, 80, 158
保険金詐欺 ………………………… 149, 193
保険金不払い ……………………… 114, 216

保険契約者保護機構 ················· 52

保険事故 ···················· 80, 154

保険事務 ····················· 124

保険ショップ ·············· 24, 130

保険数理 ······················ 44

保険難民 ····················· 242

保険乗合代理店 ················· 24

保険引受収益 ·············· 168, 208

保険引受利益 ·················· 208

保険法 ························· 58

保険料 ······ 22, 36, 44, 66, 80, 152, 176

保険料払込猶予期間 ·············· 81

保険料分割払い ················ 172

保障 ························· 40

補償 ························· 40

保有契約高 ····················· 16

ま行

満期返戻金 ···················· 156

満期保険金 ····················· 70

ミニ保険 ····················· 248

民間保険 ······················ 38

無尽 ························· 35

無配当型養老保険 ··············· 100

無保険車傷害保険 ··············· 150

免責金額 ····················· 162

免責事由 ······················ 76

モラル案件 ·············· 210, 214

や行

焼け太り ····················· 149

約款 ·················· 58, 162, 206

有価証券の含み益 ··············· 222

要介護状態 ···················· 112

養老保険 ················· 62, 100

予定基礎率 ·················· 66, 90

予定事業費率 ················ 66, 90

予定死亡率 ·················· 66, 90

予定利率 ········· 22, 66, 90, 92, 94, 224

ら行

利差益 ························ 86

リスクの細分化 ·········· 176, 242

リフレッシュ休暇 ··············· 120

量的緩和政策 ··················· 68

旅行保険 ····················· 186

例示的付随業務 ················ 236

255

監修紹介
平野　敦之（ひらの　あつし）
CFP認定者、1級FP技能士、平野FP事務所代表。証券会社、損害保険会社での実務経験を活かして1998年からファイナンシャルプランナーとして活動。テレビや新聞、雑誌、ウェブサイトなどの各種メディアを通じて情報を発信、企業研修や講演、セミナーなど多数、中小企業の支援など活動の幅も広い。2016年よりお金の情報メディア「Mylife Money Online」を運営。主な著書に『いまから始める確定拠出年金投資』（自由国民社）がある。

著者紹介
GVフィナンシャル研究会
保険業界や金融業会に携わった経験を持つメンバーが中心となって、業界の動向やしくみを分析・研究。書籍やウェブサイトなどで情報発信を行っている。

- ■ 装丁　　　　　井上新八
- ■ 本文デザイン　株式会社エディポック
- ■ 本文イラスト　こつじゆい
- ■ 担当　　　　　春原正彦
- ■ DTP　　　　 有限会社PUSH
- ■ 執筆協力　　　平林亮子
- ■ 編集協力　　　ヴュー企画（山本大輔・加藤朱里）

図解即戦力
保険業界のしくみとビジネスが
これ1冊でしっかりわかる教科書

2020年 5月16日　初版　第1刷発行

著　者	GVフィナンシャル研究会
監　修	平野敦之
発行者	片岡　巌
発行所	株式会社技術評論社
	東京都新宿区市谷左内町21-13
	電話　　03-3513-6150　販売促進部
	03-3513-6160　書籍編集部
印刷／製本	株式会社加藤文明社

©2020　ヴュー企画

定価はカバーに表示してあります。
本書の一部または全部を著作権法の定める範囲を超え、無断で複写、複製、転載、テープ化、ファイルに落とすことを禁じます。
造本には細心の注意を払っておりますが、万一、乱丁（ページの乱れ）や落丁（ページの抜け）がございましたら、小社販売促進部までお送りください。送料小社負担にてお取り替えいたします。

ISBN978-4-297-11257-8 C0036　　　　　　　Printed in Japan

◆ お問い合わせについて

・ご質問は本書に記載されている内容に関するもののみに限定させていただきます。本書の内容と関係のないご質問には一切お答えできませんので、あらかじめご了承ください。

・電話でのご質問は一切受け付けておりませんので、FAXまたは書面にて下記問い合わせ先までお送りください。また、ご質問の際には書名と該当ページ、返信先を明記してくださいますようお願いいたします。

・お送りいただいたご質問には、できる限り迅速にお答えできるよう努力いたしておりますが、お答えするまでに時間がかかる場合がございます。また、回答の期日をご指定いただいた場合でも、ご希望にお応えできるとは限りませんので、あらかじめご了承ください。

・ご質問の際に記載された個人情報は、ご質問への回答以外の目的には使用しません。また、回答後は速やかに破棄いたします。

◆ お問い合せ先

〒162-0846
東京都新宿区市谷左内町21-13
株式会社技術評論社　書籍編集部
「図解即戦力
保険業界のしくみとビジネスが
これ1冊でしっかりわかる教科書」係
FAX：03-3513-6167
技術評論社ホームページ
https://book.gihyo.jp/116